7.-10. Schuljahr

Tobias & Nik Vonderlehr

Stationenlernen Plattentektonik

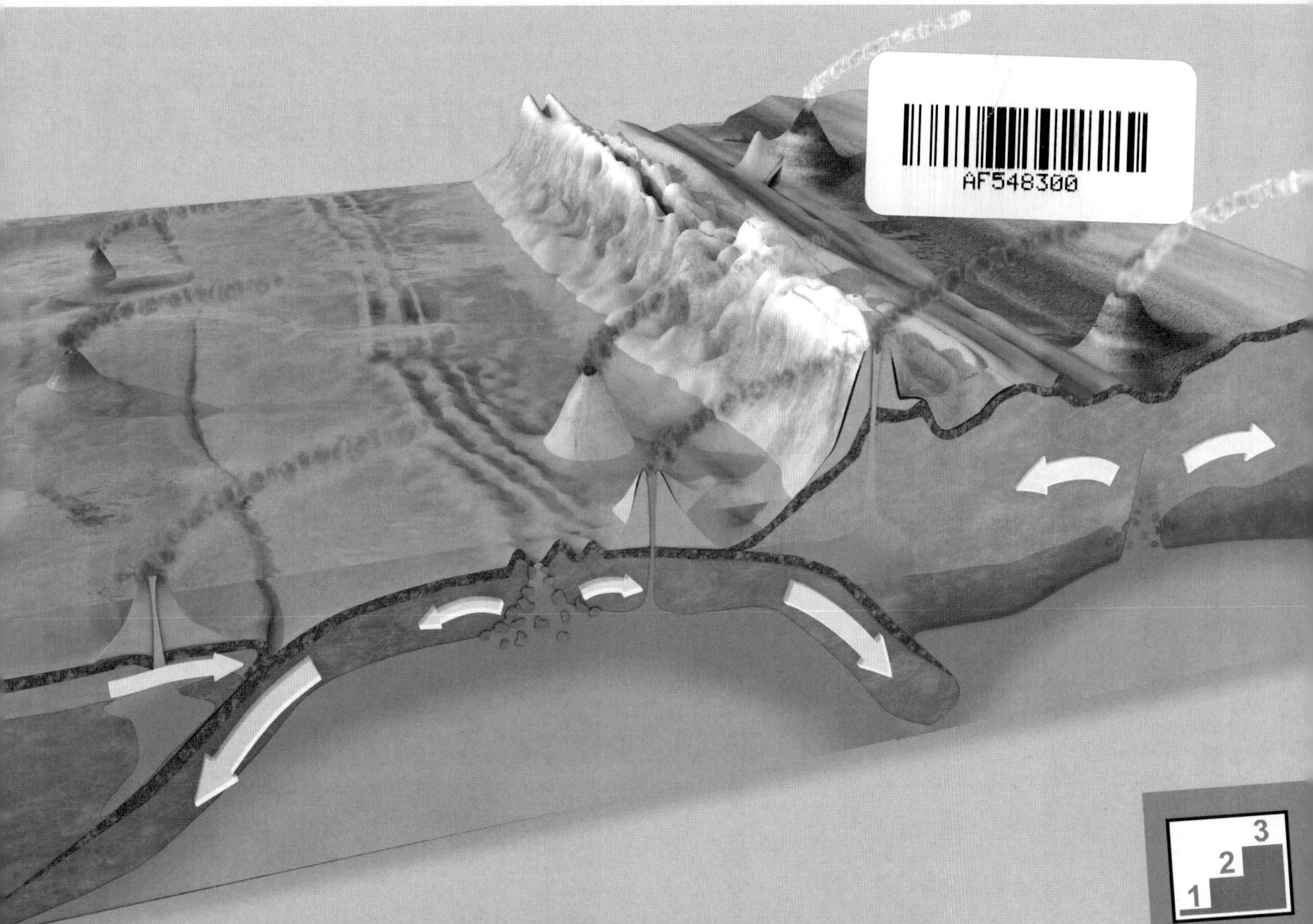

AF548300

- Übersichtliche Aufgabenkarten
- Schnelle Vorbereitung
- Mit Lösungen zur Selbstkontrolle

www.kohlverlag.de

Stationenlernen Plattentektonik

3. Auflage 2024

Inhalt: Tobias und Nik Vonderlehr
Umschlagbild: © goodluz & Brad Pict - AdobeStock.com
Redaktion: Kohl-Verlag
Grafik & Satz: Eva-Maria Noack / Kohl-Verlag
Druck: Druckerei Flock, Köln

Bestell-Nr. 12 332

ISBN: 978-3-96624-005-5

Bildquellen © AdobeStock.com:
S. 10: Dmitro, JohanSwanepoel; **S. 25**: dakherrotipo; **S. 26**: inspi, Valerii, majonit, PRILL Mediendesign; **S. 27**: webstocker, Quarta; **S. 28**: Olivier Vandeginste, Arid Ocean (2x), JFL Photography, Alexander Reitter; **S. 31**: Christoph Burgstedt; **S. 33**: Arid Ocean; **S. 36**: Floki Fotos, Nido Huebl; **S. 38**: Fly and Dive (2x); **S. 39**: Christoph Burgstedt; **S. 42**: Naeblys; **S. 44**: Viktor; **S. 47**: John Mantell Photo

Bildquellen © wikimedia.org:
S. 7: E. Kuhlbrodt; **S. 8:** E. Kuhlbrodt, Gerstetter; **S. 9:** Anasofiapaixao; **S. 11**: USGS; **S. 12**: Mikenorton; **S. 13**: Surachit; **S. 14**: Harroschmeling; **S. 15**: MagentaGreen; **S. 16**: Lyn Topinka, USGS; **S. 17**: Jhintzbe, Chris from Falmouth, UK, USGS, User Sennheiser; **S. 18**: Jhintzbe, Chris from Falmouth, UK, USGS, User Sennheiser, Gunnar Ries Amphibol; **S.19**: Hagen Trost, Comisión Mexicana de Filmaciones, User Reykholt, Peter Schüle; **S.20**: Aman Malik, J.D. Griggs, U.S. Fish- and Wildlife Service, Hein56didden; **S. 22**: Horst J. Braukmann Milseburg, Presse03, topo-Botaurus-stellaris; **S. 23**: Martin Schildgen; **S. 24**: Wolkenkratzer, Markus Riebschläger, Gillenfeld; **S. 26**: Qfl247, Dave Harlow, USGS; **S. 28**: Austin Post; **S. 30**: ESKP; **S. 31**: USGS; **S. 32**: Woudloper; **S. 33**: Sciencia58; **S. 34**: Jauslin Parpan; **S. 35**: Berann, Heinrich C., Heezen, Bruce C., Tharp, Marie; **S. 36**: Furfur, NASA-GSFC-Robert Simmon; **S. 37**: Maximilian Dörrbecker, Eric Gaba; **S. 39**: Mariana_trench_astrobob; **S. 40**: Richard Varcoe on behalf of Caladan Oceanic LLC, Lencer; **S. 41**: so1eda, Rybkovich,Flickr - brewbooks; **S. 42**: NASA Earth Observatory images by Robert Simmon and Jesse Allen, Leohotens; **S. 43**: Joel E. Robinson, USGS; **S. 44**: National Geophysical Data Center-USGS; **S. 45**: Gringer; **S. 46**: USGS; **S. 47**: en-Caltech photograph; **S. 48**: Michael Fiegle

Der vorliegende Band ist eine Print-Einzellizenz

Sie wollen unsere Kopiervorlagen auch digital nutzen? Kein Problem – fast das gesamte KOHL-Sortiment ist auch sofort als PDF-Download erhältlich! Wir haben verschiedene Lizenzmodelle zur Auswahl:

	Print-Version	PDF-Einzellizenz	PDF-Schullizenz	Kombipaket Print & PDF-Einzellizenz	Kombipaket Print & PDF-Schullizenz
Unbefristete Nutzung der Materialien	x	x	x	x	x
Vervielfältigung, Weitergabe und Einsatz der Materialien im eigenen Unterricht	x	x	x	x	x
Nutzung der Materialien durch alle Lehrkräfte des Kollegiums an der lizensierten Schule			x		x
Einstellen des Materials im Intranet oder Schulserver der Institution			x		x

Die erweiterten Lizenzmodelle zu diesem Titel sind jederzeit im Online-Shop unter www.kohlverlag.de erhältlich.

Inhalt / Stationenübersicht

Vorwort Seite 5
Stationenlaufzettel Seite 6

Alfred Wegener – Der Entdecker der Plattentektonik

Aufg.	Stufe		Aufg.	Stufe	Seite 7-8
1	⊙	Steckbrief	2	!	Welche Frage stellte sich Alfred Wegener?

Schalenaufbau der Erde

Aufg.	Stufe	Seite 9-10
1	!	Begriffe Schalenaufbau

Was ist Plattentektonik?

Aufg.	Stufe	Seite 11-12
1	⊙	Bewegungsrichtungen in Karte erkennen

Der Motor der Kontinentaldrift

Aufg.	Stufe	Seite 13-14
1	!	Lückentext

Subduktionszonen

Aufg.	Stufe		Aufg.	Stufe	Seite 15-16
1	!	Lückentext	2	★	Wirkung von Schmelzen bei Subduktion
3	⊙	Im Atlas Tiefseegräben, Vulkane finden			

Vulkanismus

Aufg.	Stufe		Aufg.	Stufe	Seite 17-18
1	★	Begriffe Text zuordnen	2	⊙	Begriffe Bildern zuordnen

Verschiedene Vulkantypen

Aufg.	Stufe		Aufg.	Stufe	Seite 19-20
1	⊙	Begriffe Text zuordnen	2	⊙	Begriffe Bildern zuordnen
3	★	Vulkantypen skizzieren	4	⊙	Typen von Vulkanen mit Internet bestimmen

Vulkane in Deutschland – der Vogelsberg

Aufg.	Stufe		Aufg.	Stufe	Seite 21-22
1	!	Lückentext	2	★	Lage und Höhe von Vulkan-Gipfeln

Vulkane in Deutschland – Maare in der Vulkaneifel

Aufg.	Stufe		Aufg.	Stufe	Seite 23-24
1	!	Lückentext	2	⊙	Maare mit gewissen Eigenschaften finden
3	⊙	Geschichte über Tag an einem Maar			

Vulkanausbrüche, die die Welt beeindruckt haben

Aufg.	Stufe	Seite 25-26
1	★	Multiple Choice: Richtigen Vulkan finden

Berühmte Vulkane der Welt

Aufg.	Stufe	Seite 27-28
1	!	Wer und wie hoch bin ich?

KOHL VERLAG
Stationenlernen
Plattentektonik – Bestell-Nr. 12 332

Inhalt / Stationenübersicht

Eyjafjallajökull – Ein Vulkan legt Europa lahm					
Aufg.	Stufe				Seite 29-30
1	!	6 Fragen – Sammlung von Vorschlägen			

Wie entstehen Faltengebirge?					
Aufg.	Stufe		Aufg.	Stufe	Seite 31-32
1	⊙	Lückentext	2	⊙	Im Atlas weitere Faltengebirge finden
3	⊙	Karte mit Plattenbewegungen auswerten			

Der Oberrheingraben in Süddeutschland					
Aufg.	Stufe				Seite 33-34
1	!	Erkläre geologischen Vorgang	2	⊙	Erdbeben von Basel 1356
3	⊙	In welche Richtung fließt der Rhein?	4	★	Warum scheint er in Gebirge hinein zu fließen?

Der Mittelatlantische Rücken					
Aufg.	Stufe		Aufg.	Stufe	Seite 35-36
1	⊙	Rücken und Bewegungsrichtungen markieren	2	⊙	Welche Insel liegt genau darauf?
3	!	Ozeanbodenspreizung erklären			

Japan – ein „durchgerütteltes“ Land					
Aufg.	Stufe		Aufg.	Stufe	Seite 37-38
1	!	Warum drohen dort Erdbeben?	2	⊙	Die Hauptplatten von 2 Mikroplatten finden

Der Marianengraben					
Aufg.	Stufe		Aufg.	Stufe	Seite 39-40
1	!	Lückentext	2	★	Teile des Gesamtkomplexes in Karte erkennen
3	⊙	Hier das Prinzip Subduktion erklären			

San Andreas-Spalte in Kalifornien					
Aufg.	Stufe		Aufg.	Stufe	Seite 41-42
1	⊙	Bewegungsrichtung, Art der Drift erkennen	2	⊙	Wirkung der Drift auf Bildern erkennen

Hot-Spots am Beispiel von Hawaii					
Aufg.	Stufe		Aufg.	Stufe	Seite 43-44
1	⊙	Bezeichnung für schlauchartige Kanäle	2	⊙	Bezeichnung für „stationären Punkt“
3	★	Warum sind ältere Vulkaninseln kleiner?	4	!	Bedeutung des Begriffs Intraplattenvulkan für Hawaii

The Ring of Fire – der Pazifische Feuerring					
Aufg.	Stufe				Seite 45-46
1	⊙	Herkunft des Namens	2	!	Dort die Platten mit ihren Driften lokalisieren
3	⊙	Dort beobachtete Phänomene aus Liste wählen			

Die Richter-Skala					
Aufg.	Stufe				Seite 47-48
1	★	Lückentext	2	★	Vergleich Messen von 2 Beben

Vorwort

Unsere Erde ist in ständiger Bewegung. Nicht nur Wetter und Klima sind einem ständigen Wandel unterzogen, auch alles das, was unter unseren Füßen ist – die Erdkruste. Durch die Entdeckung der Plattentektonik durch Alfred Wegener ist heute klar, dass viele geologische Phänomene und Ereignisse auf genau diese Plattendrift zurückzuführen sind. Das Auftreten von Erdbeben, die Entstehung und das Ausbrechen von Vulkanen, das Vorkommen von Tiefseegräben und Gebirgen sind Ergebnisse plattentektonischer Vorgänge.

Dieses Werk behandelt das Thema „Plattentektonik", was zu den spektakulärsten und aufregendsten Themen im gesamten Geographieunterricht gehört, da es eng mit Vulkanismus, dem glühenden Erdinneren, feuerspeienden Bergen und zerstörerischen Erdbeben sowie riesigen Tsunamiwellen verknüpft ist. Die vorliegenden informativen Arbeitsblätter sollen Ihre Schülerinnen und Schüler befähigen, geologische und tektonische Prozesse und Vorgänge vollumfänglich zu verstehen. Abwechslungsreich gestaltete Materialien sorgen dafür, dass die Aufmerksamkeit der Klasse auf einem hohen Niveau gehalten werden kann. Insbesondere für das Arbeiten an Stationen sind diese Materialien zur Plattentektonik gut geeignet.

Jede Aufgabe wird einer der Niveaustufen

⊙ grundlegendes Niveau, **!** mittleres Niveau, ✶ erweitertes Niveau

zugeordnet, was nur als Vorschlag gemeint ist.

Dieses Buch soll Ihnen die Arbeit im Geographieunterricht erleichtern und Wissen bei Ihren Schülerinnen und Schülern generieren. Zeitraubende Vorbereitungen für Ihre Unterrichtsstunden gehören nun der Vergangenheit an, denn alle unterrichtsrelevanten Informationen sind hierin gebündelt.

Viel Freude beim Materialeinsatz im Unterricht wünschen Ihnen der Kohl-Verlag
und die Autoren

Tobias & Nik Vonderlehr

Name: ______________________________ Datum: _____________

Stationen-Laufzettel

⊙ Grundlegendes Niveau

Aufgabe	Stationsname	erledigt	korrigiert

! Mittleres Niveau

Aufgabe	Stationsname	erledigt	korrigiert

✶ Erweitertes Niveau

Aufgabe	Stationsname	erledigt	korrigiert

KOHL VERLAG Stationenlernen Plattentektonik – Bestell-Nr. 12 332

Station

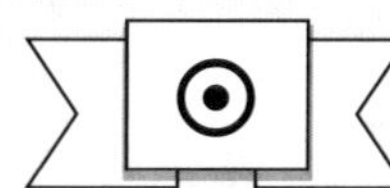

Alfred Wegener – Der Entdecker der Plattentektonik

Aufgabe 1: *Fülle den Steckbrief mit den korrekten Daten von Alfred Wegener aus.*

Name: ____________________

Vorname: ____________________

Geboren am: ____________________

Geboren in: ____________________

Gestorben am: ____________________

Gestorben in: ____________________

Berufe: ______________________________________

Wichtigste Entdeckung:

____

Aufgabe 2: *Welche Frage stellte sich Alfred Wegener bereits 1910 und bildete somit den Ursprung seiner Theorie zur Kontinentalverschiebung?*

Bringe die folgenden Wörter in die richtige Reihenfolge:

zur **Ostküste** **nicht** **genau** **Südamerikas** **Afrikas** **die** **Westküste?** **Passst**

____

____

____

Lernen mit Erfolg KOHL VERLAG Stationenlernen Plattentektonik – Bestell-Nr. 12 332

Station

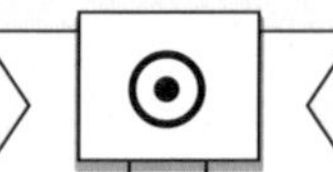

Alfred Wegener – Der Entdecker der Plattentektonik

Aufgabe 1:

Name:	**Wegener**
Vorname:	**Alfred Lothar**
Geboren am:	**1.11.1880**
Geboren in:	**Berlin**
Gestorben im:	**November 1930**
Gestorben in:	**Grönland**
Berufe:	**Meteorologe und Polarwissenschaftler**

Wichtigste Entdeckung: **Theorie der Kontinentalverschiebung**

Aufgabe 2:

Passt nicht die Westküste Afrikas genau zur Ostküste Südamerikas?

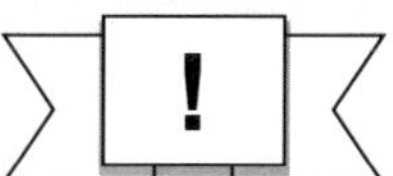

Station

Schalenaufbau der Erde

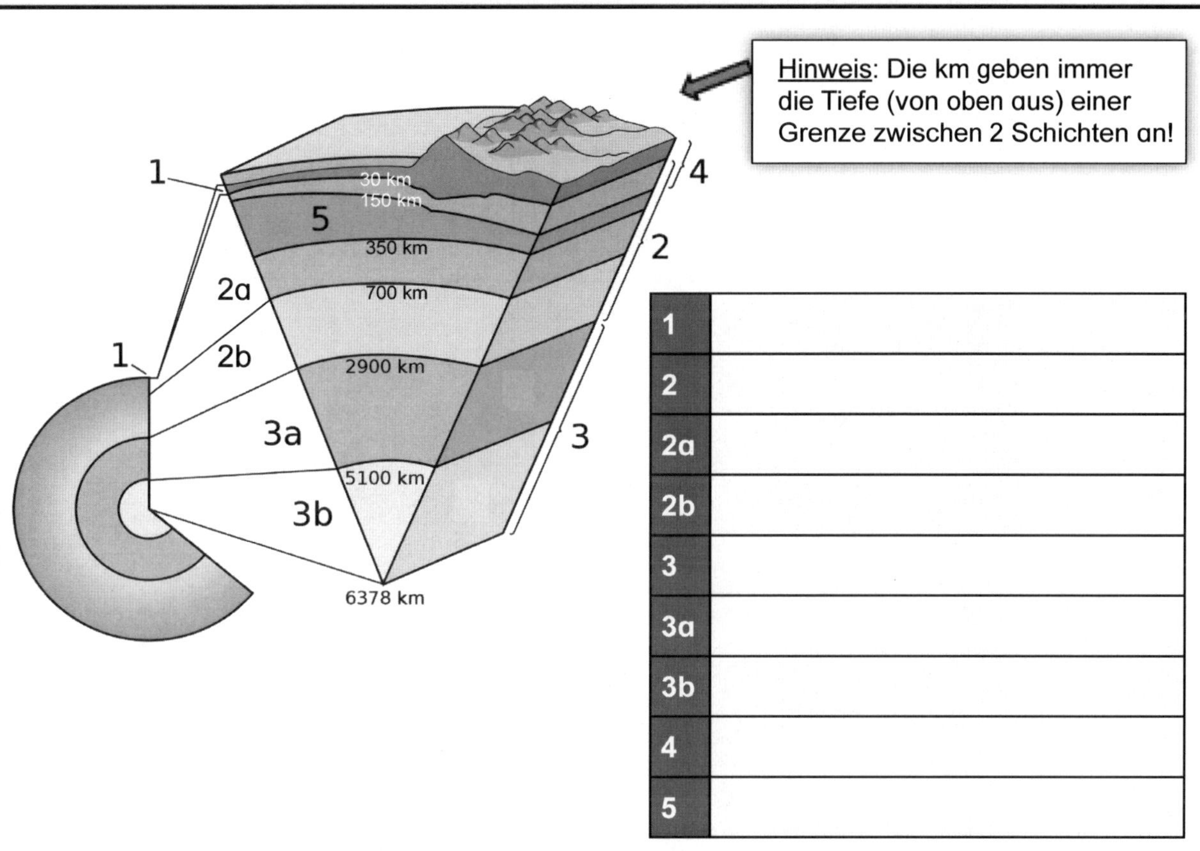

1	
2	
2a	
2b	
3	
3a	
3b	
4	
5	

Der Erdradius beträgt ca. 6370 km. Man unterteilt die Erde grob in drei Schalen. Innen liegt der Erdkern mit einem Radius von fast 3500 km; man unterscheidet einen inneren, festen und einen äußeren, flüssigen Erdkern.

Um den Kern herum befindet sich der ca. 2900 km dicke Erdmantel. Der untere Erdmantel ist ca. 2200 km dick und ca. 2000° C heiß. Darauf folgt der obere Erdmantel mit einer Dicke von ca. 650 km.

Die äußere Schale, die Erdkruste, besteht aus festem Gestein. Auch unter dem Ozean befindet sich Erdkruste, diese ist mit ca. 7 km erheblich dünner als die kontinentale Erdkruste mit ca. 35 km.

Für unser Thema Plattentektonik ist es nun wichtig, die sogenannte **Lithosphäre** [lithos (grie.) = Stein] als eine Einheit zu betrachten, obwohl sie aus der Erdkruste und der ca. 120 km dicken obersten festen Schicht des Mantels besteht. Genau aus dieser Lithosphäre bestehen nämlich die Tektonischen (Kontinental-) Platten.

Direkt darunter ist die ca. 200 km dicke fließfähige **Asthenosphäre** [asthenes (grie.) = schwach], auf der sich die Platten (sehr langsam!) bewegen können.

Aufgabe 1: *Ergänze die Tabelle oben mit den richtigen Begriffen.*

KOHL VERLAG Stationenlernen Plattentektonik – Bestell-Nr. 12 332

Station

Lösung

Schalenaufbau der Erde

Aufgabe 1:

1	Erdkruste
2	Erdmantel
2a	oberer Mantel
2b	unterer Mantel
3	Erdkern
3a	äußerer Kern
3b	innerer Kern
4	Lithosphäre
5	Asthenosphäre

Station

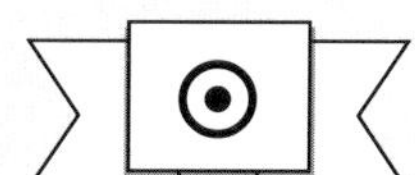

Was ist Plattentektonik?

Unter Plattentektonik versteht man die Untersuchung der Kontinentalplattenbewegungen und deren Auswirkungen.

Die Lithosphäre (= Erdkruste + äußerster fester Teil des Mantels) besteht aus mehreren riesigen (und einigen kleineren) einzelnen Erdplatten, die man daher auch Lithosphären-Platten nennt. Sie bewegen sich, angetrieben durch die Umwälzungen des Magmas im Erdmantel. Das Magma ist in ständiger Bewegung. Es hebt, senkt und bewegt diese Platten, die auch Kontinentalplatten genannt werden, da die meisten davon wie in die Ozeane ausgedehnte Erdteile wirken.

Diese Bewegung nennt man Kontinentaldrift. Die Kontinentalplatten bewegen sich sehr langsam, weil die darunter liegende Asthenosphäre nur sehr zähflüssig ist, und in unterschiedliche Richtungen. So können bei den Kontinentalplattenbewegungen folgende Bewegungsrichtungen unterschieden werden:

- voneinander weg = divergente Drift;
- zueinander hin = konvergente Drift;
- seitlich gegeneinander = konservative Drift.

Aufgabe 1: *Welche Platten bewegen sich aufeinander zu, voneinander weg oder aneinander vorbei? Erstelle eine Tabelle in deinem Heft.*

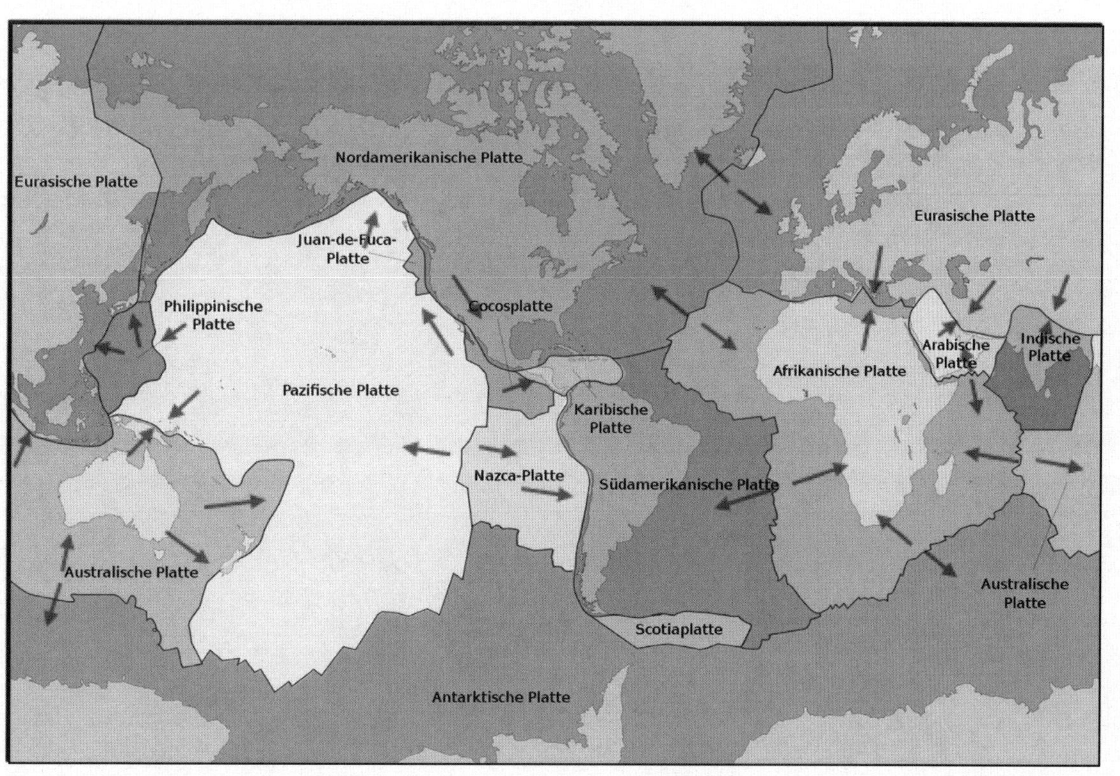

Stationenlernen Plattentektonik – Bestell-Nr. 12 332
KOHL VERLAG

Station

Lösung

Was ist Plattentektonik?

Aufgabe 1:

divergente Drift		
Nordamerikanische Platte	← →	Eurasische Platte
Nordamerikanische Platte	← →	Afrikanische Platte
Südamerikanische Platte	← →	Afrikanische Platte
Afrikanische Platte	← →	Antarktische Platte
Arabische Platte	← →	Afrikanische Platte
Australische Platte	← →	Afrikanische Platte
Pazifische Platte	← →	Nazca-Platte
Australische Platte	← →	Antarktische Platte

konvergente Drift		
Eurasische Platte	→ ←	Indische Platte
Eurasische Platte	→ ←	Arabische Platte
Eurasische Platte	→ ←	Afrikanische Platte
Pazifische Platte	→ ←	Australische Platte

konservative Drift		
Pazifische Platte	↑ ↓	Nordamerikanische Platte

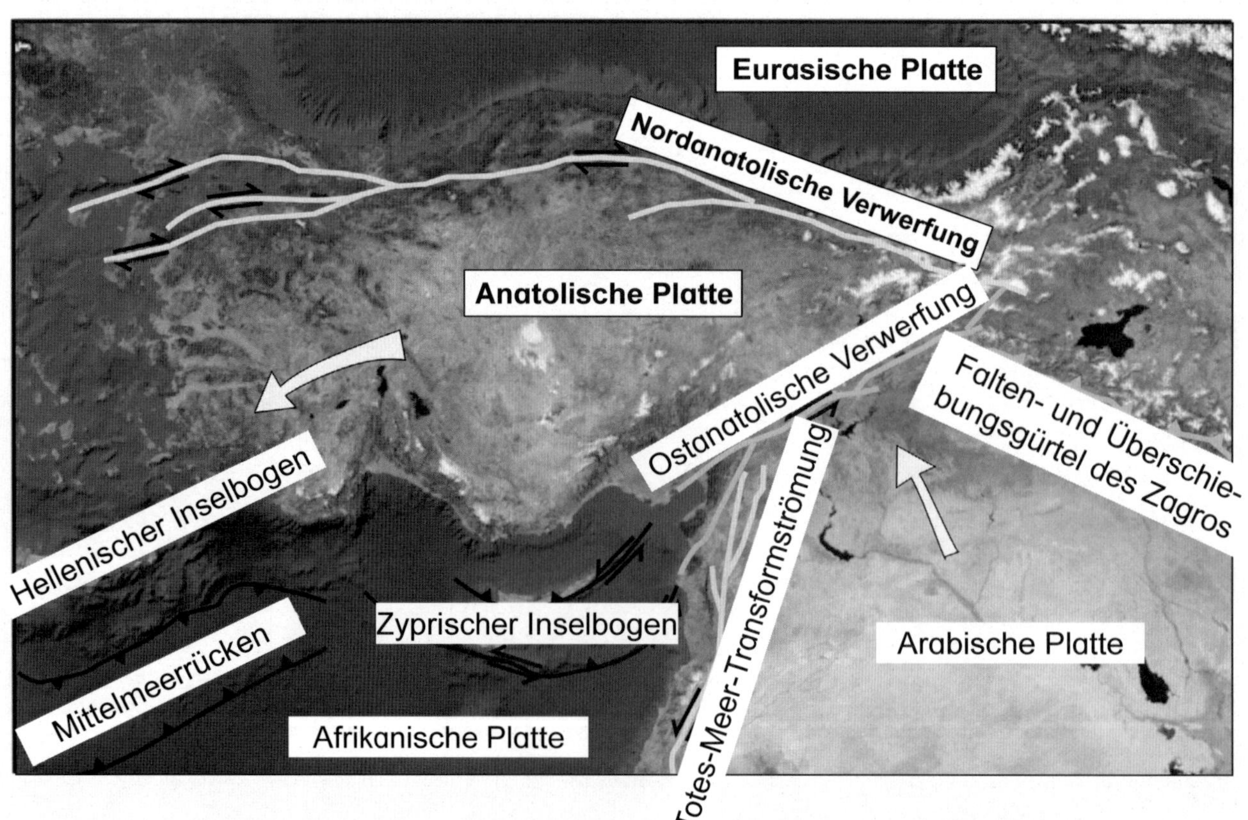

Station  

Der Motor der Kontinentaldrift

Aufgabe 1: *Schreibe die Begriffe aus dem Kasten an die richtigen Stellen im Text.*

Mantels • Lava • Erdbeben • Lithosphären • zusammenfalten • feste • Erdkruste • Asthenosphäre • Kombinationen • Höhe • Magma • Vulkan

Das __________ im Erdmantel ist in ständiger Bewegung. Diese Konvektionsströmungen (s. Pfeile im Bild) sind der Grund dafür, dass sich die ______________________-Platten (= Kontinentalplatten) unserer Erde auf dem höheren Teil des Erdmantels, der ________________________ heißt, bewegen. Sie sind der Motor der Kontinentaldrift. Geschmolzenes Gestein steigt aus dem Innern der Erde bis zum oberen Erdmantel auf und kühlt dort aufgrund der Temperaturunterschiede wieder ab. Es nimmt eine ___________ Gestalt an. Aus dem zähflüssigen Magma wird also wieder feste Gesteinsmasse, die nach unten sinkt und mit dem aufsteigenden Magma einen Kreislauf bildet. Diese kreisförmige Bewegung des Magmas hebt und senkt und bewegt unsere ________________ , die in sieben große und mehrere kleine Kontinentalplatten aufgeteilt ist. Genau genommen gehört zu diesen Platten immer der äußerste, lithosphärische (= feste) Teil des _______________ dazu. Die Kontinentalplatten liegen recht eng aneinander und versuchen, sich aneinander vorbei zu bewegen. Manchmal verhaken sie sich ineinander und lösen sich plötzlich mit einem kräftigen Ruck. Dann entsteht ein _________________ . Manchmal stoßen sie nicht so stark aneinander, es kann Magma ausströmen; in diesem Fall entsteht meistens ein _________________, der von Zeit zu Zeit ausbricht. Manchmal bewegen sich die Kontinentalplatten aufeinander zu. Sie lagern sich übereinander (Subduktionszone). Entweder geschieht es, dass die eine Platte unter die andere taucht und diese anhebt oder sie sich beide im Randbereich ___________________ . Natürlich sind auch ____________________ dieser Prozesse möglich. So entstanden und entstehen Erhebungen und Gebirge. Hierbei kann auch Magma hervortreten (dann __________ genannt), das an der Erdoberfläche abkühlt und zusätzlich zur _______________ des Gebirges beiträgt.

Stationenlernen Plattentektonik – Bestell-Nr. 12 332
KOHL VERLAG

Lösung

Der Motor der Kontinentaldrift

Aufgabe 1:

Das Magma im Erdmantel ist in ständiger Bewegung. Diese Konvektionsströmungen (s. Pfeile im Bild) sind der Grund dafür, dass sich die Lithosphären-Platten (= Kontinentalplatten) unserer Erde auf dem höheren Teil des Erdmantels, der Asthenosphäre heißt, bewegen. Sie sind der Motor der Kontinentaldrift. Geschmolzenes Gestein steigt aus dem Innern der Erde bis zum oberen Erdmantel auf und kühlt dort aufgrund der Temperaturunterschiede wieder ab. Es nimmt eine feste Gestalt an. Aus dem zähflüssigen Magma wird also wieder feste Gesteinsmasse, die nach unten sinkt und mit dem aufsteigenden Magma einen Kreislauf bildet. Diese kreisförmige Bewegung des Magmas hebt und senkt und bewegt unsere Erdkruste, die in sieben große und mehrere kleine Kontinentalplatten aufgeteilt ist. Genau genommen gehört zu diesen Platten immer der äußerste, lithosphärische (= feste) Teil des Mantels dazu. Die Kontinentalplatten liegen recht eng aneinander und versuchen, sich aneinander vorbei zu bewegen. Manchmal verhaken sie sich ineinander und lösen sich plötzlich mit einem kräftigen Ruck. Dann entsteht ein Erdbeben. Manchmal stoßen sie nicht so stark aneinander, es kann Magma ausströmen; in diesem Fall entsteht meistens ein Vulkan, der von Zeit zu Zeit ausbricht. Manchmal bewegen sich die Kontinentalplatten aufeinander zu. Sie lagern sich übereinander (Subduktionszone). Entweder geschieht es, dass die eine Platte unter die andere taucht und diese anhebt oder sie sich beide im Randbereich zusammenfalten. Natürlich sind auch Kombinationen dieser Prozesse möglich. So entstanden und entstehen Erhebungen und Gebirge. Hierbei kann auch Magma hervortreten (dann Lava genannt), das an der Erdoberfläche abkühlt und zusätzlich zur Höhe des Gebirges beiträgt.

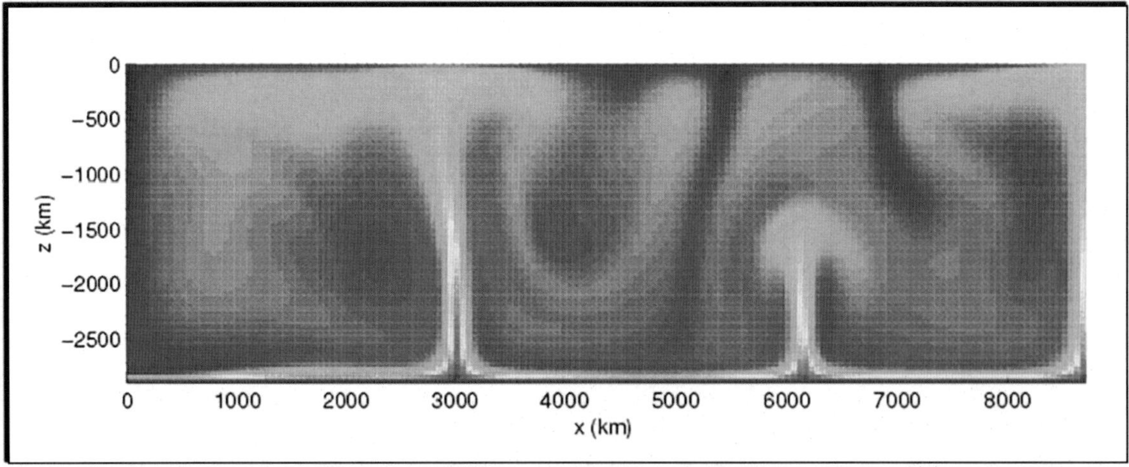

Konvektionsströmungen in einem zähflüssigen Material:
Rot: Heiße aufwärts strömende Bereiche
Blau: Kalte abwärts strömende Bereiche

Station

Subduktionszonen

Aufgabe 1: *Schreibe die Begriffe aus dem Kasten an die richtigen Stellen im Text.*

Tiefseerinne • gefährlichsten • Kontinentale • zusammenstoßenden • Erdmantel • Erdbeben • tiefste • konvergenter • Subduktion

Subduktionszonen findet man entlang der Grenzen von ______________________ Kontinentalplatten. Sie sind also eine Folge von ____________________ Drift. Mit _________________ ist das Abtauchen einer Ozeanischen Erdkruste (= Teil einer Platte) unter eine ___________________ Erdkruste hinein in die Asthenosphäre (= heißer zähflüssiger oberer Teil vom _______________) gemeint. Dort wird die absinkende Platte teilweise aufgeschmolzen. Es entsteht eine _________________ . Ein Teil des Magmas steigt hinter der Subduktionszone auf und bildet Vulkane. Subduktionszonen können sich über tausende Kilometer erstrecken. Hier findet man die Tiefseegräben der Ozeane. Der ____________ Punkt der Erde ist der Marianen-Graben. Er ist gut 11.000 m tief. Entlang von Subduktionszonen ereignen sich zahlreiche, zum Teil heftige ______________ und Vulkanausbrüche.

Eine der _______________________ Subduktionszonen der Welt ist der 6000 km lange Sunda-Inselbogen, zu dem auch die Indonesischen Inseln Sumatra und Java gehören. Er entstand durch die Subduktion der Indo-Australischen Platte unter die beiden Mikroplatten Sunda-Platte und Burma-Platte.

Ozeanisch-kontinentale Konvergenz

Aufgabe 2: *Die Gesteine der abtauchenden Ozeanischen Erdkruste werden dabei dichter (= näher) zusammengeschmolzen. Welche Wirkung hat das für die Subduktion?*

Aufgabe 3: *Suche im Atlas nach Subduktionszonen mit Tiefseegräben und Vulkanen.*

Stationenlernen Plattentektonik – Bestell-Nr. 12 332

Station

Lösung

Subduktionszonen

Aufgabe 1:

Subduktionszonen findet man entlang der Grenzen von zusammenstoßenden Kontinentalplatten. Sie sind also eine Folge von konvergenter Drift. Mit Subduktion ist das Abtauchen einer Ozeanischen Erdkruste (= Teil einer Platte) unter eine Kontinentale Erdkruste hinein in die Asthenosphäre (= heißer zähflüssiger oberer Teil vom Erdmantel) gemeint. Dort wird die absinkende Platte teilweise aufgeschmolzen. Es entsteht eine Tiefseerinne. Ein Teil des Magmas steigt hinter der Subduktionszone auf und bildet Vulkane. Subduktionszonen können sich über tausende Kilometer erstrecken. Hier findet man die Tiefseegräben der Ozeane. Der tiefste Punkt der Erde ist der Marianen-Graben. Er ist gut 11.000 m tief. Entlang von Subduktionszonen ereignen sich zahlreiche, zum Teil heftige Erdbeben und Vulkanausbrüche.
Eine der gefährlichsten Subduktionszonen der Welt ist der 6000 km lange Sunda-Inselbogen, zu dem auch die Indonesischen Inseln Sumatra und Java gehören. Er entstand durch die Subduktion der Indo-Australischen Platte unter die beiden Mikroplatten Sunda-Platte und Burma-Platte.

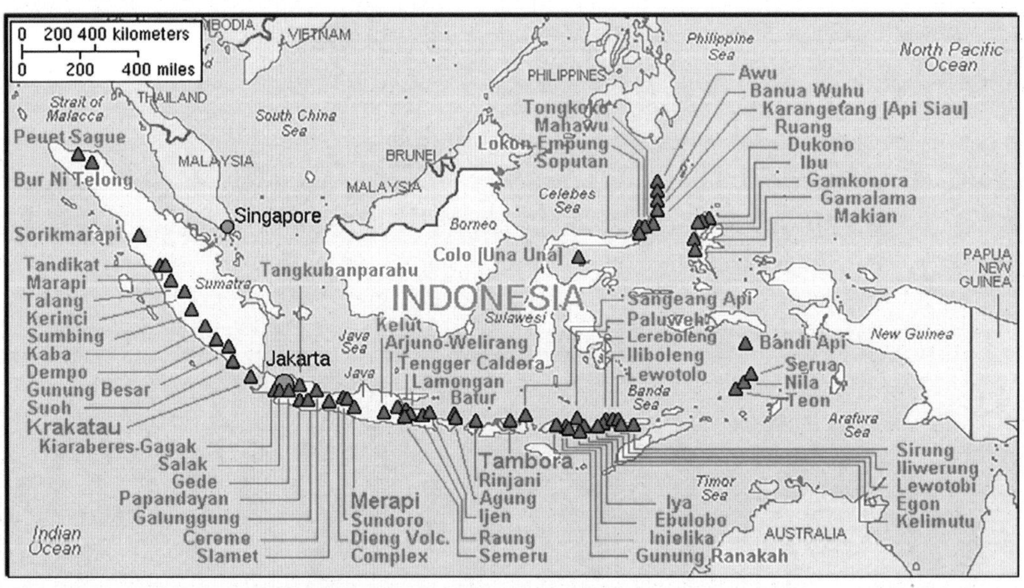

Vulkane auf dem Sunda-Inselbogen

Aufgabe 2: Durch die Verdichtung der Gesteine beim Zusammenschmelzen wird an der gleichen Stelle mehr Material untergebracht als vorher. Der schon abgetauchte Teil der Platte wird dadurch schwerer und kann nun noch tiefer absinken.

Aufgabe 3: Individuelle Lösungen

 **Station**  

Vulkanismus

Unter dem Begriff **1** sind alle zur Geologie zählenden Prozesse und Ereignisse zusammengefasst, die Vulkane, deren Vorkommen, Entstehung, Ausbrüche und Auswirkungen auf die Natur, Umwelt und den Menschen betreffen. Der Vulkanismus tritt an Stellen auf der Erde in Erscheinung, an denen tektonische Aktivitäten herrschen. Hier spielen die **2** und der Mittelatlantische Rücken eine Rolle. Aber auch an bestimmten Stellen der Erde treten große Mengen **3** aus, die nicht tektonisch beeinflusst werden. Sie werden **4** genannt. Ein solcher Hot Spot liegt unter den hawaiianischen Inseln und ist maßgeblich für die Entstehung dieser Inselgruppe verantwortlich. Magma ist geschmolzenes, fließfähiges Gestein in der Erdkruste; wenn es flüssig aus der Erde austritt, heißt es **5**. Das Material, das durch den Vulkanismus entsteht, kann unterschiedliche Aggregatzustände haben. Als festes Material sind Bimsstein, erbsengroße **6**, größere **7** oder Asche anzusehen, wohingegen Lava und **8** zu den flüssigen Materialien zu zählen sind. Zu den gasförmigen Materialien werden schwefelhaltige, vulkanische Gase und Wasserdampf gerechnet. In der Natur treten häufig Mischformen verschiedener Vulkanmaterialien auf, wie z.B. in Form der **9**, die eine hohe Zerstörungskraft besitzen. Sie „rollen" mit hoher Geschwindigkeit die Hänge des **10** hinunter, und die darin enthaltenen heißen Gase, Dämpfe und Gesteine zerstören alles, was sich ihnen in den Weg stellt. Vulkane und vulkanische Ereignisse gehören zu den spektakulärsten Prozessen und Phänomenen der Erde.

Aufgabe 1: *Schreibe die Zahlen aus dem Text neben die dorthin passenden Begriffe.*

Aufgabe 2: *Schreibe dann davon 5 passende Zahlen zu den Bildern.*

	Lapilli
	Hot Spots
	Subduktionszonen
	Lava
	Vulkankegels
	Vulkanismus
	Bomben
	pyroklastischen Ströme
	Magma
	Geysire

Stationenlernen Plattentektonik – Bestell-Nr. 12 332
KOHL VERLAG

Station

Lösung

Vulkanismus

Aufgabe 1:

6	Lapilli
4	Hot Spots
2	Subduktionszonen
5	Lava
10	Vulkankegels
1	Vulkanismus
7	Bomben
9	pyroklastischen Strö-me
3	Magma
8	Geysire

Aufgabe 2:

Verschiedene vulkanische Bomben:

Stationenlernen

Station

Verschiedene Vulkantypen

Aufgabe 1: *Setze die Begriffe im Kasten an die richtigen Stellen im Text.*

Maar • Tafelvulkan • Schichtvulkan • Schildvulkan

a) Ein ____________________ (= Stratovulkan) ist ein aus einzelnen Schichten von Lava und Lockerungsmassen aufgebauter Vulkan.

b) Ein ____________________ ist eine besondere Form eines Vulkans. Er sieht aus wie ein flach liegender, aufgewölbter Kampfschild.

c) Ein ____________________ ist eine fast kreisrunde Eindellung (Mulde), die durch das Zusammenkommen von Grundwasser und heißer Magma explosionsartig entstanden ist (z.B. Eifel).

d) Ein ____________________ ist ein Vulkan mit einer relativ flachen, aber breiten Oberfläche und oft auch bereits abgetragenen Steilwänden. Seine Entstehung geht auf den Austritt der Lava durch einen Gletscher zurück. Nach dem Abschmelzen des Gletschereises verbleibt ein Tafelberg.

Aufgabe 2: *Schreibe jetzt dieselben Begriffe unter die passenden Bilder.*

a)

____

b)

____

c)

____

d)

____

Aufgabe 3: *Skizziere die verschiedenen Vulkantypen.*

Aufgabe 4: *Recherchiere im Internet: Finde heraus, welche Vulkantypen der Brown Bluff, der Mauna Loa, die Ukinrek-… und der Stromboli sind.*

KOHL VERLAG
Stationenlernen Plattentektonik – Bestell-Nr. 12 332

Station

Lösung

Verschiedene Vulkantypen

Aufgabe 1: **a)** Schichtvulkan, **b)** Schildvulkan, **c)** Maar, **d)** Tafelvulkan

Aufgabe 2: **a)** Tafelvulkan, **b)** Schichtvulkan, **c)** Schildvulkan, **d)** Maar

Aufgabe 3: Individuelle Lösungen

Aufgabe 4:

Brown Bluff – Tafelvulkan

Mauna Loa – Schildvulkan

Ukinrek-Maare

Stromboli – Schichtvulkan

Station

Vulkane in Deutschland – der Vogelsberg

Aufgabe 1: *Schreibe die Begriffe aus dem Kasten an die richtigen Stellen im Text.*

Basaltströme • Vogelsberg • Größe • Dicke • Zentralvulkan • Mitteleuropas • Abnutzung

Der ________________, in der Mitte von Deutschland gelegen, ist ____________________ größtes Vulkangebiet. Auch wenn der Vogelsberg als erloschen gilt, sind seine Ausmaße riesig und seine Geschichte überaus spannend. Anhand des heutigen Basaltvorkommens kann die ____________ der Vulkanregion abgeschätzt werden. Es kann sogar davon ausgegangen werden, dass die Basaltregion früher ein noch größeres Ausmaß hatte, da durch __________________ und Abwaschung von Gesteinsmaterial über die Jahrtausende einiges bereits abgetragen worden sein dürfte. Manche ____________________ reichen sogar bis in das ca. 50 km entfernte Frankfurt am Main. Aufgrund der basaltischen Gesteine könnte man davon ausgehen, dass es sich bei dem Vogelsberg um einen ____________________ handelt. Ein Zentralvulkan zeichnet sich dadurch aus, dass er nur eine Austrittsstelle mit Lava hat. In Wirklichkeit hatte der Vogelsberg aber mehrere Ausbruchsstellen. Der Vogelsberg ist vor etwa 15-19 Mio. Jahren entstanden. Auch die ____________ des basaltischen Gesteins ist erheblich: 700 m und mehr wurden bei Bohrungen im Jahre 1996 festgestellt.

Wichtigste deutsche Gebiete/Gebirge mit ehemals aktiven Vulkanen

Aufgabe 2: *Finde im Internet/Atlas die Lage der Gebiete und Berge. Trage die jeweils höchsten Gipfel ein. (siehe z.B. Wikipedia: „Liste von Vulkanen in Deutschland“)*

	Gebiet/Gebirge	Höchster Vulkan-Gipfel	Höhe
1	Hegau		867 m
2	Vogelsberg		773 m
3	Kaiserstuhl		557 m
4	Oberlausitz		793 m
5	Rhön		950 m
6	Eifel		747 m

Stationenlernen Plattentektonik – Bestell-Nr. 12 332

Station

Lösung

Vulkane in Deutschland – der Vogelsberg

Aufgabe 1:

Der Vogelsberg, in der Mitte von Deutschland gelegen, ist Mitteleuropas größtes Vulkangebiet. Auch wenn der Vogelsberg als erloschen gilt, sind seine Ausmaße riesig und seine Geschichte überaus spannend. Anhand des heutigen Basaltvorkommens kann die Größe der Vulkanregion abgeschätzt werden. Es kann sogar davon ausgegangen werden, dass die Basaltregion früher ein noch größeres Ausmaß hatte, da durch Abnutzung und Abwaschung von Gesteinsmaterial über die Jahrtausende einiges bereits abgetragen worden sein dürfte. Manche Basaltströme reichen sogar bis in das ca. 50 km entfernte Frankfurt am Main. Aufgrund der basaltischen Gesteine könnte man davon ausgehen, dass es sich bei dem Vogelsberg um einen Zentralvulkan handelt. Ein Zentralvulkan zeichnet sich dadurch aus, dass er nur eine Austrittsstelle mit Lava hat. In Wirklichkeit hatte der Vogelsberg aber mehrere Ausbruchsstellen. Der Vogelsberg ist vor etwa 15-19 Mio. Jahren entstanden. Auch die Dicke des basaltischen Gesteins ist erheblich: 700 m und mehr wurden bei Bohrungen im Jahre 1996 festgestellt.

Aufgabe 2:

	Gebiet/Gebirge	Höchster Vulkan-Gipfel	Höhe
1	Hegau	**Neuhewen**	867 m
2	Vogelsberg	**Taufstein**	773 m
3	Kaiserstuhl	**Totenkopf**	557 m
4	Oberlausitz	**Lausche**	793 m
5	Rhön	**Wasserkuppe**	950 m
6	Eifel	**Hohe Acht**	747 m

Taufstein *(genau Bildmitte)*

Wasserkuppe

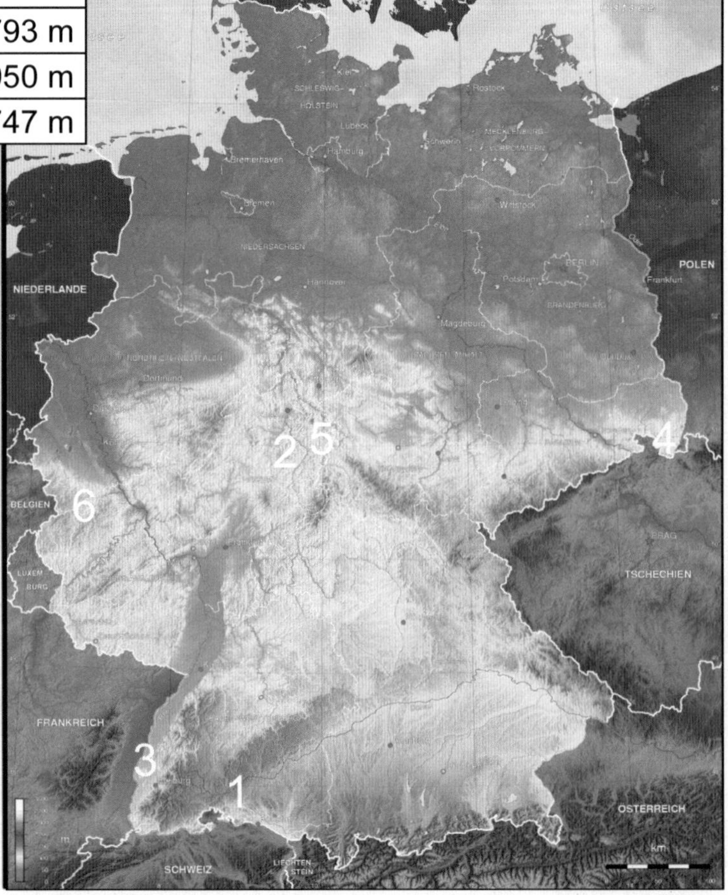

Station

Vulkane in Deutschland – Maare in der Vulkaneifel

Aufgabe 1: *Schreibe die Begriffe aus dem Kasten an die richtigen Stellen im Text.*

Grundwasser • Meer • wasserführende • explosionsartig • Maartrichter • zwölf • Sprengung • Explosionsschlot

Die Bezeichnung Maar geht auf den lateinischen Begriff „mare" zurück, was __________ bedeutet. Maare sind durch eine Art „natürliche ____________________ " entstanden. Heißes, aufsteigendes Magma traf auf ____________________ Schichten. Das Wasser verdampfte ________________________ und riss eine trichterförmige Mulde in die Landschaft. Das herausgeschleuderte Material wurde zum Teil mehrere Kilometer weit entfernt zu Boden geworfen. Es bildete sich ein ______________________. Aus dem Explosionsschlot wird durch Einsturz von Material ein __________________. Nachdem die vulkanische Tätigkeit abgenommen hatte, füllte sich der Trichter mit Wasser – aus __________________ und Niederschlägen. Auf diese Art entstanden insgesamt über 70 Maarvulkane, allerdings sind heute nur noch _________ Maare mit Wasser gefüllt, die restlichen sind bereits verlandet.

Aufgabe 2: **a)** *Wie tief ist der tiefste Maarsee Deutschlands?*

b) *Welchen Durchmesser hat das kleinste Maar der Eifel? Was für ein Maar ist es?*

Aufgabe 3: *Stell dir vor, du verbringst einen Tag an einem Maar. Was würdest du tun?*

KOHL VERLAG Stationenlernen Plattentektonik – Bestell-Nr. 12 332

Station

Lösung

Vulkane in Deutschland – Maare in der Vulkaneifel

Aufgabe 1:

Die Bezeichnung Maar geht auf den lateinischen Begriff „mare" zurück, was Meer bedeutet. Maare sind durch eine Art „natürliche Sprengung" entstanden. Heißes, aufsteigendes Magma traf auf wasserführende Schichten. Das Wasser verdampfte explosionsartig und riss eine trichterförmige Mulde in die Landschaft. Das herausgeschleuderte Material wurde zum Teil mehrere Kilometer weit entfernt zu Boden geworfen. Es bildete sich ein Explosionsschlot. Aus dem Explosionsschlot wird durch Einsturz von Material ein Maartrichter. Nachdem die vulkanische Tätigkeit abgenommen hatte, füllte sich der Trichter mit Wasser – aus Grundwasser und Niederschlägen.
Auf diese Art entstanden insgesamt über 70 Maarvulkane, allerdings sind heute nur noch zwölf Maare mit Wasser gefüllt, die restlichen sind bereits verlandet.

Aufgabe 2: **a)** Das Pulvermaar ist 72 m tief.

b) Das Hitsche Maar hat einen Durchmesser von 60 m. Es ist verlandet, also trocken.

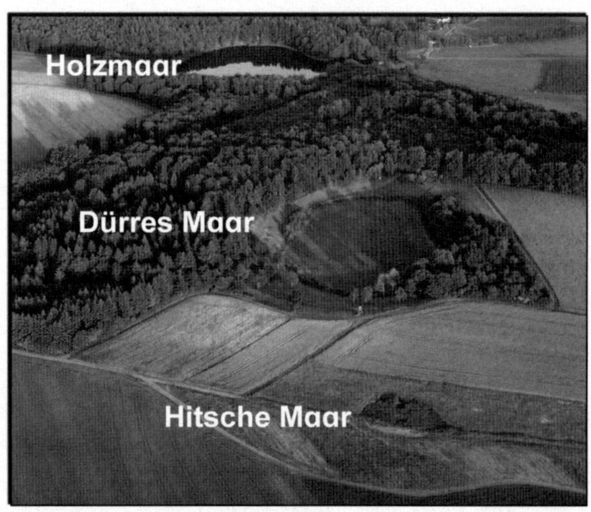

Im 16. Jahrhundert diente das Holzmaar der Wasserversorgung der 2 km entfernt liegenden Gillenfelder Holzmühle.
Es ist 20 m tief. Es ist das am besten wissenschaftlich erforschte Eifelmaar.
Seit 1975 steht es unter Naturschutz.

Holzmaar, Dürres Maar und Hitsche Maar entstammen einer tektonischen Störungslinie von Gillenfeld nach Eckfeld.

(https://www.eifel.info/natur/vulkane/maare-der-eifel)

Aufgabe 3: Individuelle Lösungen

Dazu Stichworte aus dem Internet:

- Naturfreibad Pulvermaar;
- im Holzmaar ist Angeln mit Schein erlaubt;
- Vielfalt von Wasservögeln und Libellen im Pulvermaar.

Station

Vulkanausbrüche, die die Welt beeindruckt haben

Opfer in Pompei

Aufgabe 1:

Nutze das Internet, um folgende Quizfragen durch Unterstreichen zu beantworten:

a) Welcher italienische Vulkan zerstörte die Stadt Pompei im Jahre 79 n. Chr. vollständig?

Ätna	**Stromboli**	**Vesuv**

b) Welcher auf dem Mittelatlantischen Rücken gelegene Vulkan störte im Jahre 2010 den gesamten europäischen Luftverkehr?

Popcatepetl	**Eyjafjallajökull**	**Pinatubo**

c) Welcher US-amerikanische Vulkan sprengte einen Großteil seines Kegels weg und zerstörte im Umkreis mehrerer Kilometer die gesamte Fläche?

Mount St. Helens	**Cleveland**	**Mount Westdahl**

d) Welcher philippinische Vulkan brachte 359 Menschen im Jahr 1991 den Tod durch einen heftigen Ascheregen?

Merapi	**Mount Spurr**	**Pinatubo**

e) Wie heißt ein berühmter Vulkan im Osten Siziliens?

Kreta	**Vesuv**	**Ätna**

f) Wie heißt der 1650 entdeckte, unter dem Meer befindliche und an den Namen eines berühmten Seefahrers erinnernde Vulkan in der Ägäis?

Kolumbos	**Vespuccos**	**Magellanos**

KOHL VERLAG Stationenlernen Plattentektonik – Bestell-Nr. 12 332

Station

Lösung

Vulkanausbrüche, die die Welt beeindruckt haben

Aufgabe 1:

a) Vesuv

b) Eyjafjallajökull

c) Mount St. Helens

d) Pinatubo

e) Ätna

f) Kolumbos

Berühmte Vulkane der Welt

Wer und wie hoch bin ich?

Aufgabe 1:

Trage jeweils den Namen und die Höhe (siehe Auswahl im Kasten) unter dem passenden Text ein.

1281 – 1651 – 2539 – 3340

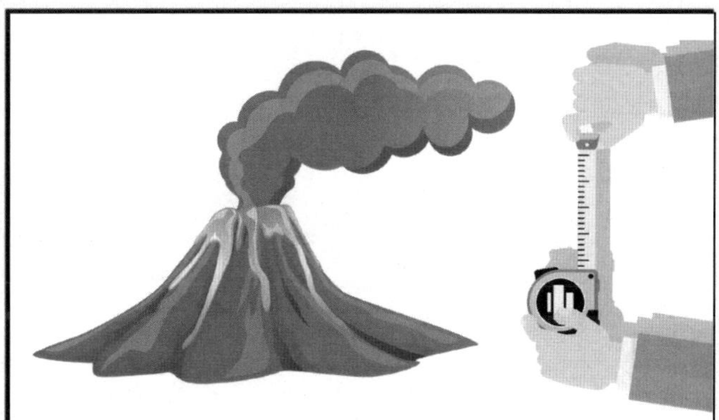

a) Dieser Vulkan befindet sich auf der Insel Island im Nordatlantik. Island ist die größte Vulkaninsel der Welt. Der gesuchte Vulkan brach am 20. März 2010 aus. Der Ausbruch zog sich über etwa 3 $^{1}/_{2}$ Monate hin. Aufgrund der bei dem Ausbruch in die Luft geschleuderten Vulkanasche (Aschewolken) wurde der Flugverkehr in ganz Europa für mehrere Tage eingestellt.

____

b) Dieser Vulkan liegt bei Neapel und ist zurzeit der einzig tätige Vulkan auf dem Festland Europas. Bei seinen mindestens 50 Ausbrüchen in den letzten 2000 Jahren sind Zehntausende von Menschen ums Leben gekommen und ganze Dörfer von den Lavaströmen und Schlammmassen vernichtet worden. Doch immer wieder haben sich die Menschen wegen der Fruchtbarkeit der Böden an seinen Berghängen angesiedelt.

____

c) Dieser Vulkan ist der höchste Vulkan Europas. Er befindet sich an der Ostküste der italienischen Insel Sizilien. Über ungefähr 1250 Quadratkilometer erstreckt sich seine Fläche. Er gilt als der aktivste Vulkan in Europa. Im Laufe der Geschichte ist der gesuchte „Feuerberg" schon über 100-mal ausgebrochen.

____

d) Der gesuchte Vulkan liegt in einem der größten Länder Nordamerikas. Er befindet sich im Bundesstaat Washington. Vor dem heftigen Ausbruch am 18. Mai 1980 hatte er eine Höhe von 2975 m, heute ist er mehrere 100 m niedriger. Der Durchmesser des Vulkans am Fuß des Berges beträgt ca. 8,5 km.

____

KOHL VERLAG Stationenlernen Plattentektonik – Bestell-Nr. 12 332

Station

Lösung

Berühmte Vulkane der Welt

Aufgabe 1:

a) Eyjafjallajökull 1651 m

b) Vesuv 1281 m

c) Ätna 3340 m

d) Mount St. Helens 2539 m

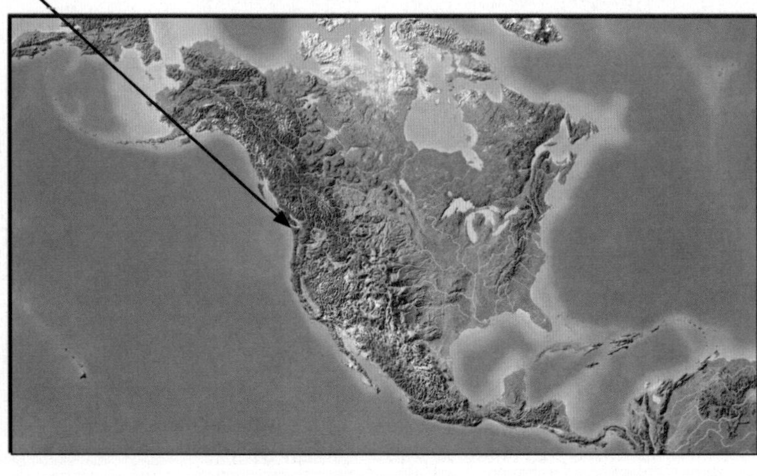

Stationenlernen

Station

Eyjafjallajökull – Ein Vulkan legt Europa lahm

Der Vulkan, der nun genauer betrachtet werden soll, trägt einen Namen, den man nur mit großer Mühe aussprechen kann: Eyjafjallajökull. Dieser Vulkan liegt auf der nordatlantischen Insel Island. Etwa 330.000 Einwohner leben auf Island. Die im Nordatlantik liegende Hauptinsel ist die größte Vulkaninsel der Welt.
Auf Island gibt es mehr als 30 Vulkane und einige Gletscher und Eisregionen. Deshalb nennt man Island auch die Insel aus Feuer und Eis. Da Vulkane sehr gefährlich werden können, werden sie pausenlos durch Wissenschaftlerinnen und Wissenschaftler mithilfe verschiedener Messinstrumente überwacht. Kurz vor dem Ausbruch des Eyjafjallajökull wurden ca. 3000 Erderschütterungen aufgezeichnet. Diese Erdbeben waren Vorboten des heftigen Vulkanausbruchs. Der Vulkan befindet sich im Süden der nordatlantischen Insel und brach am 20. März 2010 aus. Die Eruption dauerte etwa $3\,^{1}/_{2}$ Monate an. Durch die in der Luft befindliche Asche, die aus dem Vulkan und hoch in die Atmosphäre geschleudert wurde, wurde der Flugverkehr in Europa für mehrere Tage stark beeinflusst und zeitweise sogar gänzlich eingestellt.

Aufgabe 1: *Beantworte die 6 Fragen, Vorschläge stehen im Kasten. Die Buchstaben neben den richtigen Antworten ergeben das Lösungswort. Es sagt dir, wie es auf der Insel dieses Vulkans ist.*

Erdbeben (E) • Reykjavik (R) • Flutwellen mit Gletscherwasser (Ä) • Esjufjöll (M) • Ascheregen (T) • Atlantischer Ozean (L) • Nuuk (N) • Blitze (B) • Eyjafjallajökull (K) • Pazifischer Ozean (S) • Atmosphäre (A) • wissenschaftliche Forschung (U)

1. Wie heißt der Vulkan, der 2010 den Flugbetrieb über Europa störte?

____

2. Welche Gefahren können außerdem von unter einem Gletscher befindlichen Vulkanen ausgehen?

____

3. Suche in deinem Atlas die Insel Island. Welches Meer umgibt die Insel Island?

____

4. Denke auch an mögliche Begleiterscheinungen von Vulkanausbrüchen:

____

5. Was können Vorboten eines größeren Vulkanausbruchs sein?

____

6. Wie heißt die isländische Hauptstadt?

____

Lösungswort:

1	2	3	4	5	6

KOHL VERLAG
Stationenlernen Plattentektonik – Bestell-Nr. 12 332

Station

Lösung

Eyjafjallajökull – Ein Vulkan legt Europa lahm

Aufgabe 1:

1. Wie heißt der Vulkan, der 2010 den Flugbetrieb über Europa störte?

   Eyjafjallajökull

2. Welche Gefahren können außerdem von unter einem Gletscher befindlichen Vulkanen ausgehen?

   Flutwellen mit Gletscherwasser

3. Suche in deinem Atlas die Insel Island. Welches Meer umgibt die Insel Island?

   Atlantischer Ozean

4. Denke auch an mögliche Begleiterscheinungen von Vulkanausbrüchen:

   Ascheregen

5. Was können Vorboten eines größeren Vulkanausbruchs sein?

   Erdbeben

6. Wie heißt die isländische Hauptstadt?

   Reykjavik

Lösungswort:

1	2	3	4	5	6
K	**Ä**	**L**	**T**	**E**	**R**

Vulkanausbrüche auf Island

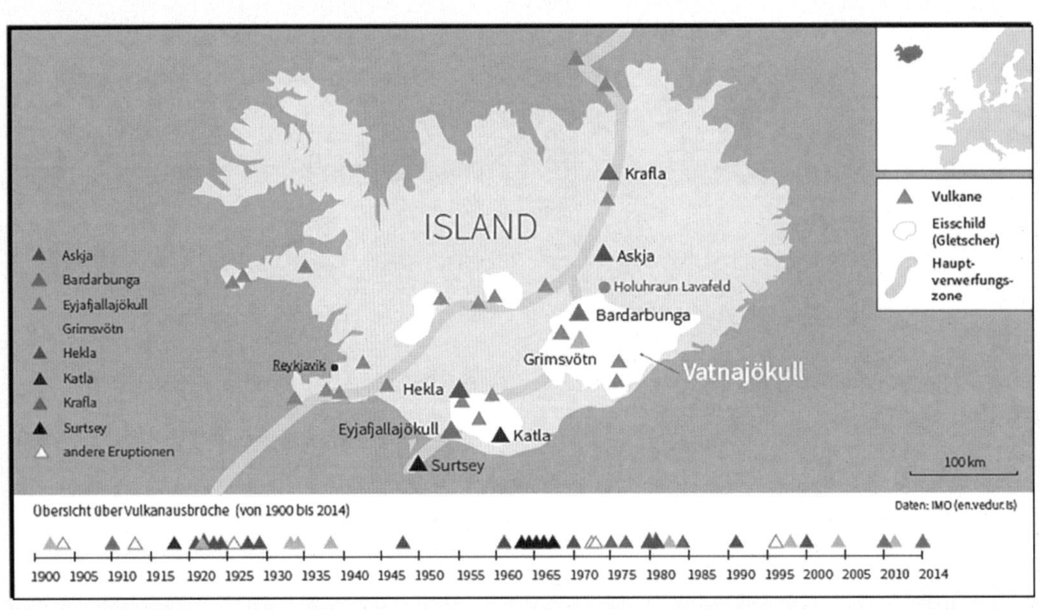

Station

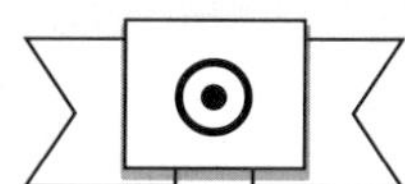

Wie entstehen Faltengebirge?

Aufgabe 1: *Schreibe die Begriffe aus dem Kasten an die richtigen Stellen im Text.*

aufgeschmolzen • Falten • Anden • meisten • Himalaya • Gebirge • Kontinentalplatten • höchsten

Das höchste Gebirge der Welt, der _____________ , ist ein sogenanntes Faltengebirge. Hier findet man die ___________ Berggipfel des gesamten Planeten. Der Mount Everest mit seinen 8848 m ist seine höchste Erhebung. Doch wie kommt es nun zu so einem Gebirge? Es schieben sich zwei _________________________ aufeinander zu. Diese gehören zur starren äußersten Schicht. Dabei sinkt die eine unter die andere Platte in die darunter liegende heiße, verformbare Schicht ab und wird _________________ . Die andere Kontinentalplatte wird gestaucht und wirft „ ____________ "; daher auch der Name. Diese Auffaltung erzeugt das _____________ und bestimmt seine Höhe. Im Falle des Himalaya-Gebirges entstand so seine gesamte Bergkette. Allerdings findet man diesen Prozess an vielen Ort der Welt. So sind auch die Alpen auf ähnliche Weise entstanden. Schaut man nach Südamerika, so findet man dort das Faltengebirge der ____________ . Von allen Hochgebirgen auf der Welt sind die ____________ als Faltengebirge entstanden.

Gebirge
starr
starr
verformbar

Aufgabe 2: *Finde im Atlas/Internet weitere Faltengebirge und notiere sie im Heft.*

Aufgabe 3: *Welche Kontinentalplatten (siehe Karte) bewegen sich aufeinander zu?*

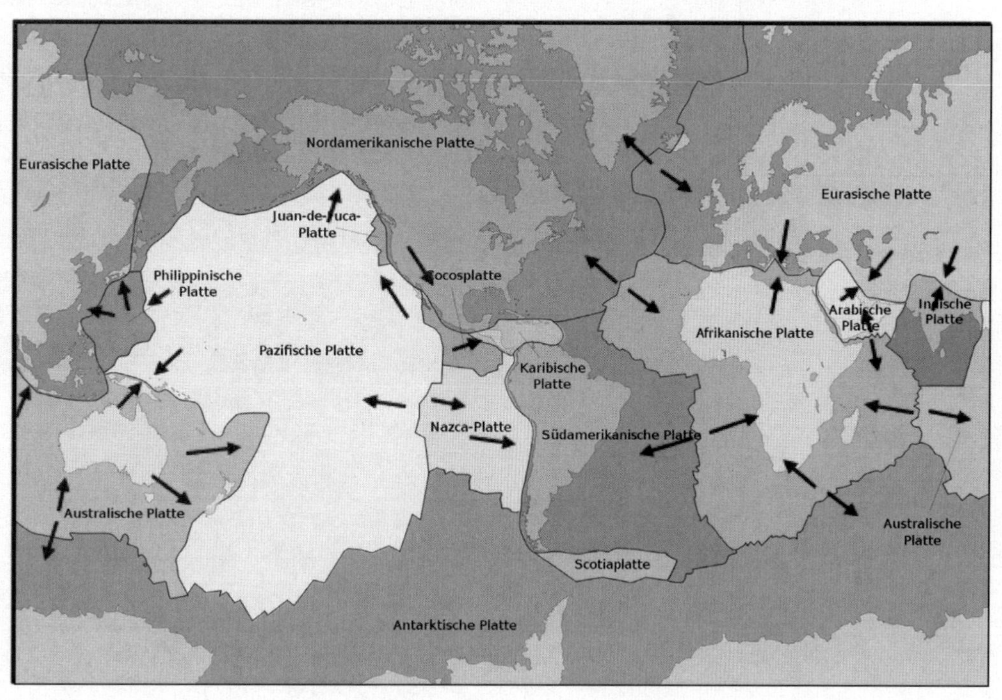

Station

  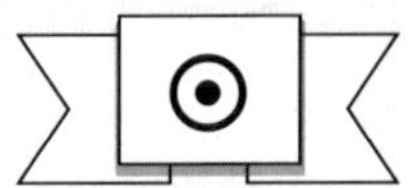

Lösung

Wie entstehen Faltengebirge?

Aufgabe 1:

Das höchste Gebirge der Welt, der Himalaya, ist ein sogenanntes Faltengebirge. Hier findet man die höchsten Berggipfel des gesamten Planeten. Der Mount Everest mit seinen 8848 m ist seine höchste Erhebung. Doch wie kommt es nun zu so einem Gebirge? Es schieben sich zwei Kontinentalplatten aufeinander zu. Diese gehören zur starren äußersten Schicht. Dabei sinkt die eine unter die andere Platte in die darunter liegende heiße, verformbare Schicht ab und wird aufgeschmolzen. Die andere Kontinentalplatte wird gestaucht und wirft „Falten“; aher auch der Name. Diese Auffaltung erzeugt das Gebirge und bestimmt seine Höhe. Im Falle des Himalaya-Gebirges entstand so seine gesamte Bergkette. Allerdings findet man diesen Prozess an vielen Ort der Welt. So sind auch die Alpen auf ähnliche Weise entstanden. Schaut man nach Südamerika, so findet man dort das Faltengebirge der Anden. Von allen Hochgebirgen auf der Welt sind die meisten als Faltengebirge entstanden.

Aufgabe 2: **Die wichtigsten Faltengebirge nach Kontinenten sortiert:**

Afrika: Atlasgebirge
Asien: Himalaya, Hindukusch, Kaukasus, Pamir, Zagros
Europa: Alpen, Apennin, Balkangebirge, Jura, Karpaten, Kaukasus, Pyrenäen
Nordamerika: Nördliche Rocky Mountains (Südl. Rocky Mount. → Bruchschollengebirge), Sierra Madre Occidental, Sierra Madre Oriental
Südamerika: Anden
Neuseeland: Neuseeländische Alpen

Schweizer Alpen (Gasterntal)

Aufgabe 3:

Eurasische Platte	→ ←	Indische Platte
Eurasische Platte	→ ←	Arabische Platte
Eurasische Platte	→ ←	Afrikanische Platte
Pazifische Platte	→ ←	Australische Platte

Station

Der Oberrheingraben in Süddeutschland

Der Oberrheingraben ist eine etwa 300 Kilometer lange und bis zu 40 Kilometer breite Senke zwischen Basel und Frankfurt. Sie sieht zunächst wie ein gewöhnliches Flusstal aus, verdankt jedoch ihre Entstehung einer Schwachstelle in der Erdkruste. Entlang dieser Schwachstelle brach im Lauf der letzten 45 Millionen Jahre ein Graben ein. Dabei zerfiel das absinkende Gestein in unterschiedlich große Bruchstücke und rutschte teilweise in den Graben hinab. Gleichzeitig mit dem Einsinken des Grabens wurde das Gestein an seinen Rändern angehoben. So entwickelten sich die „Grabenschultern“, die heute noch als Schwarzwald und Vogesen zu erkennen sind. Die Abtragung glich jedoch den Höhenunterschied zwischen Senke und Gebirge ständig aus: Geröll und Gesteinsschollen rutschten von den Seiten nach und füllten den Graben immer wieder auf. An seinem Grund häuften sich dicke Sedimentschichten, durch die sich erst sehr viel später der Rhein seinen Weg suchte. Bis heute dehnt und bewegt sich im Gebiet des Oberrheingrabens die Erdkruste. Fast einen Millimeter senkt sich der Graben jedes Jahr. So bauen sich im Gestein ständig Spannungen auf, die sich immer wieder in kleineren Erdbeben entladen.

Aufgabe 1: *Erkläre den geologischen Vorgang am Oberrheingraben.*

Aufgabe 2: *Was findest du im Internet über das große Erdbeben von 1356 heraus, das die Stadt Basel vollständig zerstörte?*

Aufgabe 3: *Finde im Atlas den Oberrheingraben. In welche Richtung fließt der Rhein?*

Aufgabe 4: *Warum könnte man glauben, dass der Fluss ins Gebirge hineinfließt?*

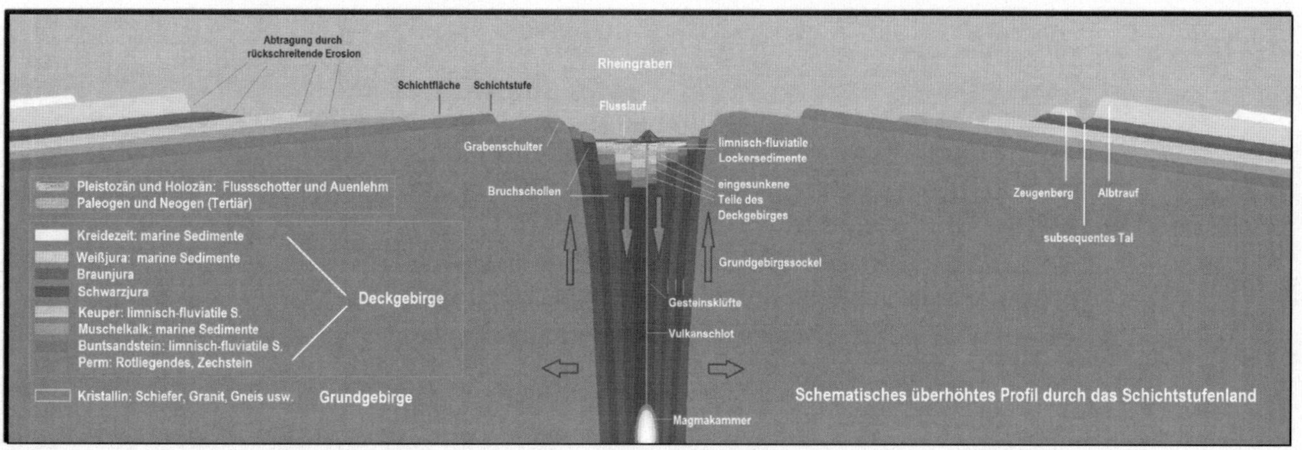

KOHL VERLAG Stationenlernen Plattentektonik – Bestell-Nr. 12 332

Station

Lösung

Der Oberrheingraben in Süddeutschland

Aufgabe 1: Individuelle Lösungen

Aufgabe 2: Individuelle Lösungenn

Das Erdbeben von Basel

Aufgabe 3: Der auf dem Kartenausschnitt zu sehende Abschnitt des Rheins fließt von Basel im Süden bis nach Bingen im Norden.

Aufgabe 4: Der Oberrheingraben reicht im Norden bis nach Frankfurt. Wie auf der Kar-
te zu sehen fließt der Rhein im Norden unterhalb von Frankfurt zunächst ein Stück in westlicher Richtung bis Bingen; von dort scheint er dann in nördlicher Richtung in eine Gebirgslandschaft hinein zu fließen.
Man fragt sich, wie es sein kann, dass ein Fluss aus einer Senke heraus in ein Gebirge hinein gelangt. Es sieht nur darum komisch aus, weil eben dieses Einsinken von Gesteinsschichten stattgefunden hat. Andernfalls wäre auch zwischen Basel und Frankfurt eine durchgehende Gebirgslandschaft gewesen, durch die sich der Rhein „hindurch arbeitet", und es würde nicht ungewöhnlich aussehen.

Station

Der Mittelatlantische Rücken

Der Mittelatlantische Rücken ist im Grunde ein Gebirgszug in den Tiefen des Atlantischen Ozeans. Er verläuft ziemlich genau in der Mitte des Atlantiks zwischen den Kontinenten Europa und Afrika im Osten und Nord- sowie Südamerika im Westen. Magma tritt am Erdboden durch unzählige Öffnungen, Risse und Schlote aus, verfestigt sich und bildet eine neue Kruste. Die Konvektionsströme im Erdinneren, die die tektonischen Platten antreiben, bewegen die Erdplatten auseinander (**divergente** Plattenränder). Dieser Prozess wird auch als Ozeanbodenspreizung bezeichnet. Es bildet sich auf diese Weise immer wieder neuer Ozeanboden. Dabei wird der Atlantik langsam um einige Zentimeter pro Jahr breiter.

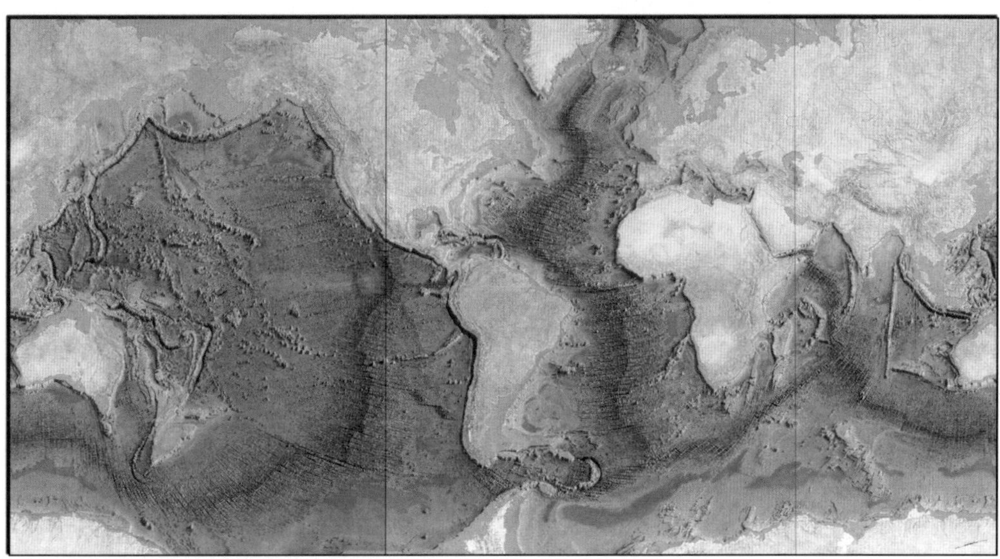

Aufgabe 1: *Markiere den Mittelatlantischen Rücken mit einem Farbstift und markiere mit Pfeilen die Bewegungsrichtungen der dort angrenzenden tektonischen Platten.*

Aufgabe 2: *Welche Insel liegt genau auf dem Mittelatlantischen Rücken?*

____

Aufgabe 3: *Erläutere den Prozess der Ozeanbodenspreizung mit deinen Worten.*

____

____

____

____

____

KOHL VERLAG Stationenlernen Plattentektonik – Bestell-Nr. 12 332

Station

Lösung

Der Mittelatlantische Rücken

Aufgabe 1:

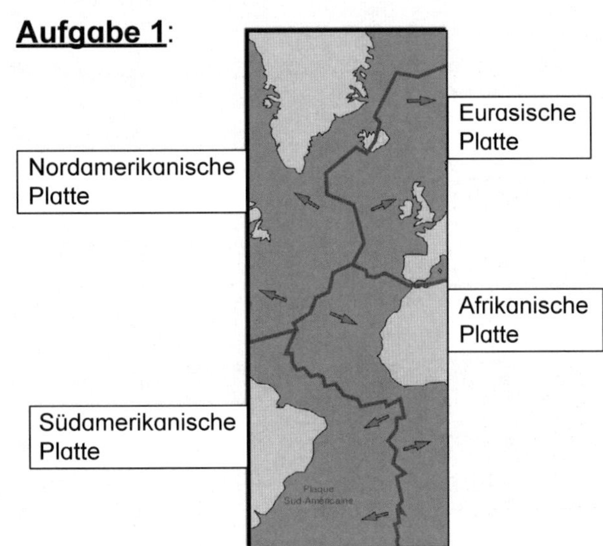

Aufgabe 2: Island

NORDAMERIKANISCHE PLATTE
EURASISCHE PLATTE
Mittelatlantischer Rücken
Krafla
ISLAND
Þingvellir
Reykjavík
Mittelatlantischer Rücken
ATLANTISCHER OZEAN

Aufgabe 3:

Individuelle Lösungen

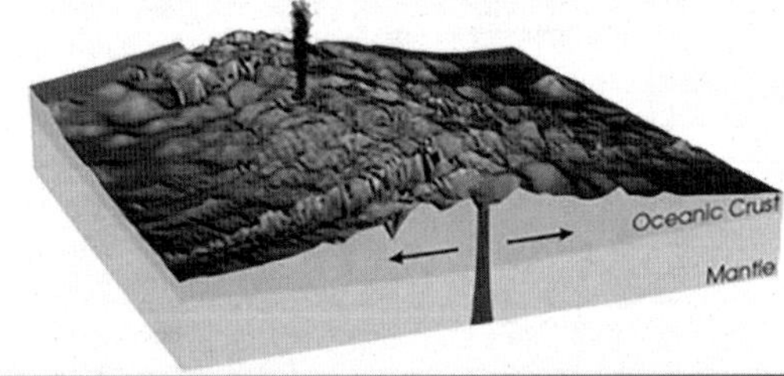

Station

Japan – ein „durchgerütteltes“ Land

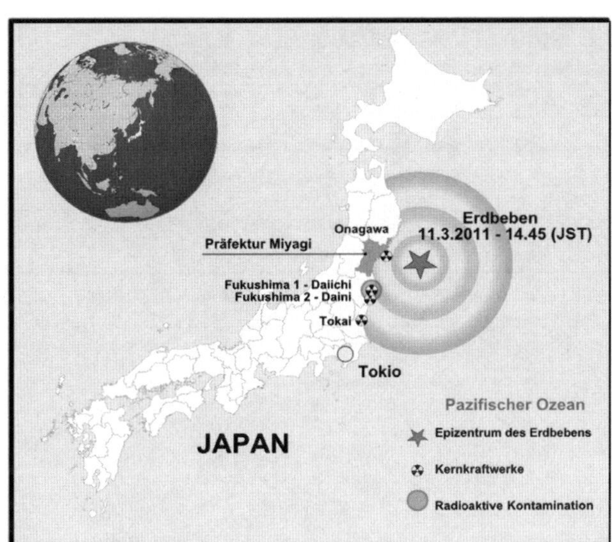

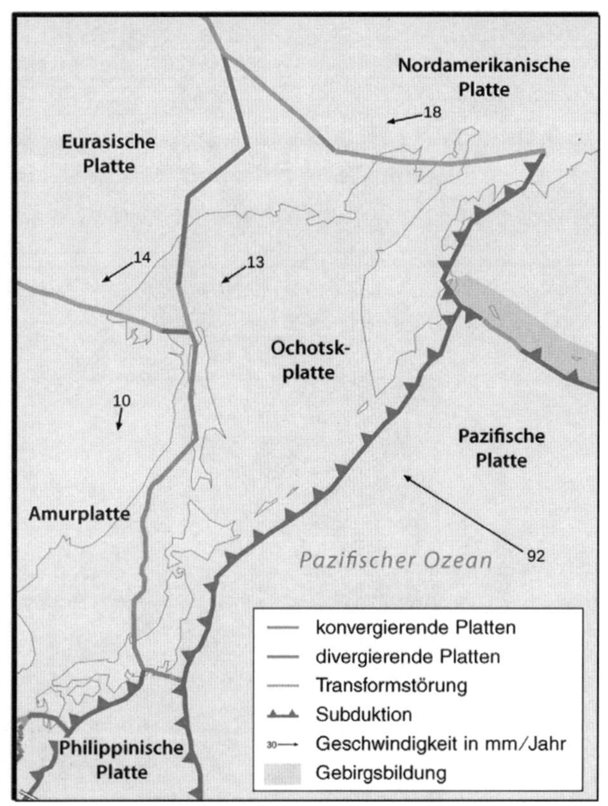

Die Karte links zeigt das 500 km von der Küste entfernte Epizentrum des Erdbebens, das den Tsunami von 2011 auslöste, welcher an der Ostküste Japans erheblichen Schaden anrichtete. Das Zentrum des Bebens lag 10 km unter dem Meeresspiegel. Bei den Erschütterungen wurde nicht nur eine mehrere Meter hohe Flutwelle in Richtung Küste in Gang gesetzt, die tausende von Menschenleben forderte und heftigste Schäden anrichtete, sondern auch das Atomkraftwerk in Fukushima so stark zerstörte, dass daraufhin ein Super-GAU (Größter anzunehmender Unfall) ausgelöst wurde. Eine große Region gilt nunmehr für viele Jahre und wahrscheinlich Jahrzehnte als unbewohnbar und stark durch Radioaktivität verstrahlt. Bei Japan treffen vier tektonische Platten zusammen, die Pazifische, die Nordamerikanische, die Eurasische und die Philippinische Platte. Diese bewegte Tiefenzone ist verantwortlich für zahlreiche Beben in der Region.

Aufgabe 1: *Erläutere, warum in Japan Erdbeben an der Tagesordnung stehen.*

Aufgabe 2: *Auf der Karte der Region Japans sind neben den 4 großen Platten (s. Text) noch 2 Mikroplatten eingezeichnet. Sie sind jeweils Teil einer Hauptplatte. Bestimme diese.*

Tektonische Mikroplatte	Tektonische Hauptplatte

Station

Lösung

Japan – ein „durchgerütteltes“ Land

Aufgabe 1: Bei Japan treffen vier tektonische Platten zusammen.

Aufgabe 2:

Tektonische Mikroplatte	Tektonische Hauptplatte
Ochotsk-Platte	Nordamerikanische Platte
Amur-Platte	Eurasische Platte

Bilder nach dem Tsunami von 2011, Japan

Stationenlernen

Station

Der Marianengraben

Aufgabe 1: *Schreibe die Begriffe aus dem Kasten an die richtigen Stellen im Text.*

ozeanische • aufgeschmolzen • östlichen • Marianenrinne • ältere • tiefste

Der im Westpazifik gelegene Marianengraben ist etwa 2400 km lang und an die 11.000 m tief. Er gilt somit als die ____________ Stelle der Weltmeere. Dieser Tiefseegraben wird manchmal auch als ________________ bezeichnet. Der Marianengraben ist Teil einer Anordnung, zu der auch der West-Marianen-Rücken, das Marianenbecken, die Marianen-Inselkette und das Marianen-Forearc-Becken gehören. Der Marianengraben bildet den __________________ Teil der tief liegenden Nahtstelle von Philippinischer Platte im Westen und Pazifischer Platte im Osten. Hier taucht eine ____________ ozeanische Kruste unter eine jüngere _______________ Kruste ab; man spricht hier von **Subduktion**. Die Pazifische Platte, welche absinkt und __________________ wird, ist im Bereich des Marianengrabens über 150 Millionen Jahre alt.

Aufgabe 2: *Ergänze die Tabelle. Dabei hilft dir Aufgabe 1 (Punkte 1-5) und ein Atlas (6-7).*

1	
2	Marianen-Forearc-Becken
3	
4	Marianenbecken
5	
6	
7	

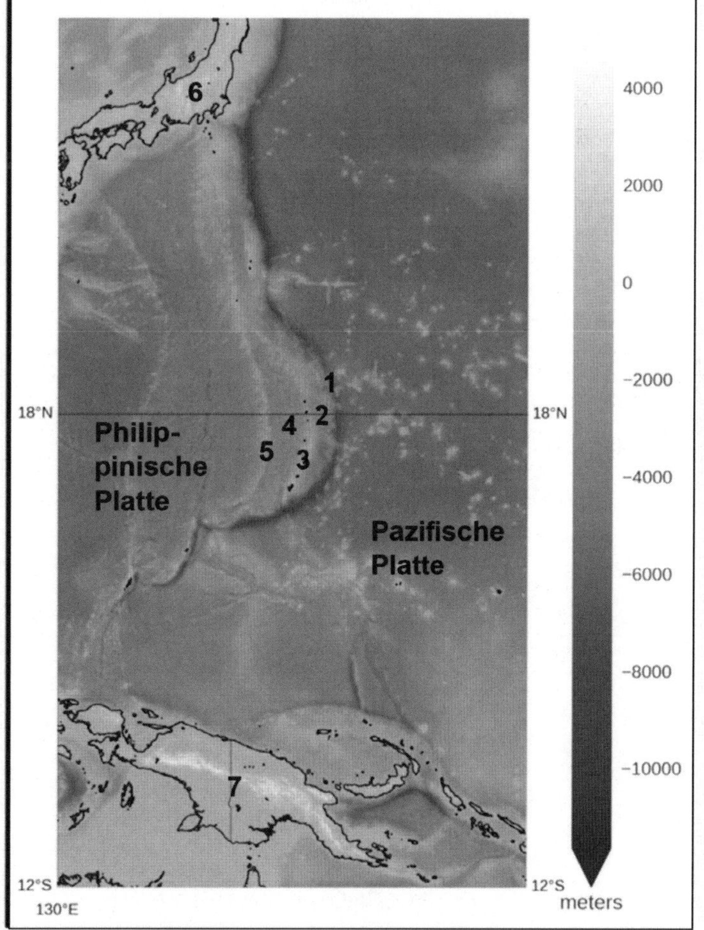

Aufgabe 3:

Erläutere den Prozess der Subduktion am Beispiel des **Marianengrabens**.

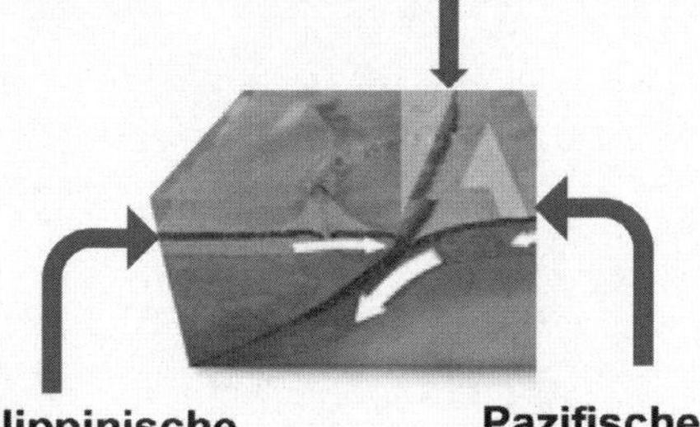

Stationenlernen Plattentektonik – Bestell-Nr. 12 332
KOHL VERLAG

Station

Lösung

Der Marianengraben

Aufgabe 1:

Der im Westpazifik gelegene Marianengraben ist etwa 2400 km lang und an die 11.000 m tief. Er gilt somit als die tiefste Stelle der Weltmeere. Dieser Tiefseegraben wird manchmal auch als Marianenrinne bezeichnet. Der Marianengraben ist Teil einer Anordnung, zu der auch der West-Marianen-Rücken, das Marianenbecken, die Marianen-Inselkette und das Marianen-Forearc-Becken gehören. Der Marianengraben bildet den östlichen Teil der tief liegenden Nahtstelle von Philippinischer Platte im Westen und Pazifischer Platte im Osten. Hier taucht eine ältere ozeanische Kruste unter eine jüngere ozeanische Kruste ab; man spricht hier von **Subduktion**. Die Pazifische Platte, welche absinkt und aufgeschmolzen wird, ist im Bereich des Marianengrabens über 150 Millionen Jahre alt.

Aufgabe 2:

1	Marianengraben
2	Marianen-Forearc-Becken
3	Marianen-Inselkette
4	Marianenbecken
5	West-Marianen-Rücken
6	Japan
7	Papua-Neuguinea

Aufgabe 3: individuelle Lösungen

Zwischen dem 28. April 2019 und dem 7. Mai 2019 wurden bei fünf Tauchgängen mit dem Tauchboot „Limiting Factor" im Marianengraben Tiefen zwischen 10.714 m und 10.925 m erreicht.

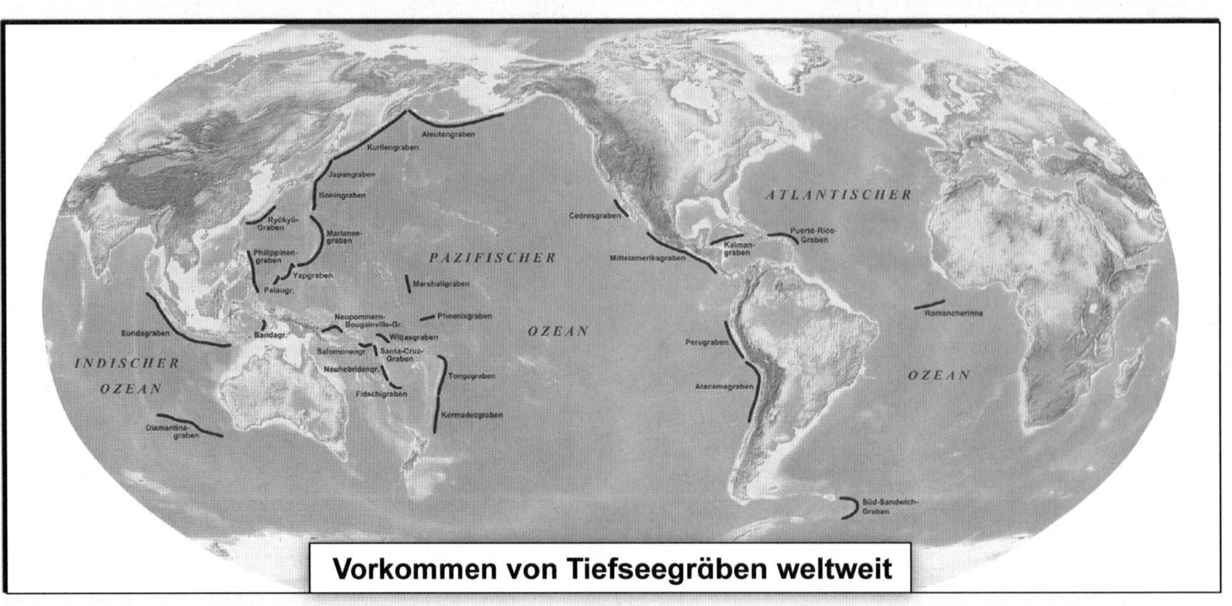

Vorkommen von Tiefseegräben weltweit

Station

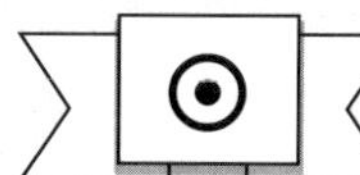

San Andreas-Spalte in Kalifornien

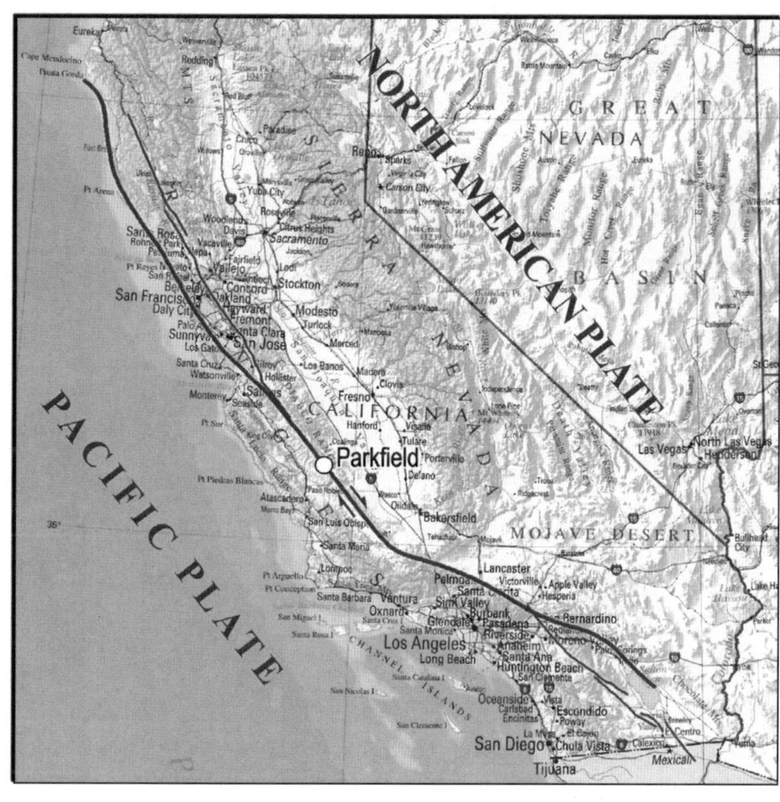

Sitzbänke im Sportstadion in Berkeley, Kalifornien

Der San-Andreas-Graben im US-Bundesstaat Kalifornien ist eine Verwerfungslinie entlang zweier tektonischer Platten – der nordamerikanischen und der pazifischen Platte. Sie driften aneinander vorbei. An manchen Stellen können einige Zentimenter pro Jahr zusammenkommen. Manchmal verhaken sich die Erdplatten und hindern sich gegenseitig daran ihre Bewegung fortzusetzen. Es baut sich ein enormer Druck auf, der sich plötzlich und ruckartig entladen kann. Dann gibt es ein Erdbeben, das häufig heftig und mit großer Zerstörung eintritt. Die Region der San-Andreas-Verwerfungslinie ist bekannt für zum Teil heftige und häufig vorkommende Erdbeben. Entlang dieser Linie liegen einige Städte mit mehreren Millionen Einwohnern. San Francisco liegt sogar genau auf dem San-Andreas-Spalt. Hier geschahen bereits viele große und verheerende Erdbebenkatastrophen mit Tausenden von Toten.

Aufgabe 1:

Entnimm der Karte die Bewegungsrichtungen der Platten! Um welche Art Drift handelt es sich?

Aufgabe 2:

Erläutere, wie diese Bilder mit dem Thema „Plattentektonik“ zusammenhängen. Was zeigen sie und wie sind die jeweiligen Situationen wohl entstanden?

KOHL VERLAG
Stationenlernen
Plattentektonik – Bestell-Nr. 12 332

   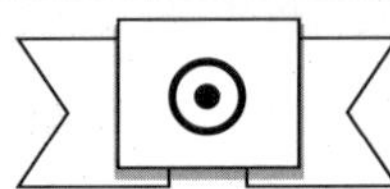

Station

Lösung

San Andreas-Spalte in Kalifornien

Aufgabe 1: Die pazifische Platte bewegt sich nach Nord-West, die nordamerikanische Platte nach Süd-Ost. Es liegt eine konservative Drift vor.

Aufgabe 2: Die Bilder zeigen Gegenstände, deren eine Seite auf der nordamerikanischen Platte, die andere Seite jedoch auf der pazifischen Platte liegen.
Durch das aneinander vorbei Schieben der Platten wurden die Gegenstände dann auseinander gerissen.

Satellitenaufnahme: Verschiebung am Südrand des Tienschan im Westen Chinas

Abschnitt der San-Andreas-Verwerfung in Kalifornien

Station

Hot-Spots am Beispiel von Hawaii

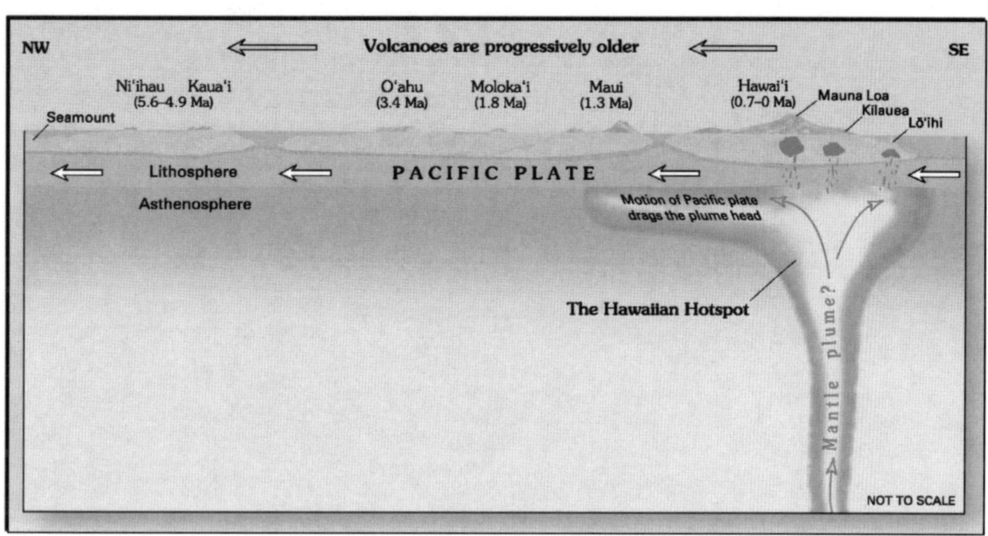

Die Inselkette von Hawaii ist durch Intraplattenvulkane entstanden. Sie sind Vulkane, die nicht an den Kontinentalplattenrändern, sondern inmitten solcher tektonischer Platten zu finden sind. An diesen Stellen steigt durch mehrere hundert Kilometer breite, schlauchartige Kanäle flüssiges und heißes Gesteinsmaterial aus dem Erdmantel auf (Plumes). Diese Plumes sind stark mit dem Erdmantel verbunden und bewegen sich daher nicht von der Stelle. Sie gelten als stationär verankert. Die Lithosphäre darüber wird aufgewölbt. So entsteht der Hot-Spot. Ein Vulkankegel wird sichtbar und steigt aus dem Ozean empor. Die Erdplatte schiebt sich nun immer weiter über den Hot Spot hinweg, sodass eine Vulkaninselkette wie die hawaiianische entsteht. Die ältesten entstandenen Vulkane werden über Jahrmillionen wieder durch die Arbeit des Meeres abgetragen. Im Fall von Hawaii stellen somit die nordöstlich gelegenen Inseln die ältesten Intraplattenvulkane dar, weil sie am meisten abgetragen sind.

Aufgabe 1: *Wie heißen die schlauchartigen Kanäle, in denen heißes Gesteinsmaterial aus dem Erdmantel aufsteigt?*

____

Aufgabe 2: *Wie wird der „stationär verankerte Punkt“ genannt, an dem Magma aufsteigt?*

____

Aufgabe 3: *Warum sind die älteren Vulkaninseln oftmals kleiner als die jüngsten?*

____

____

____

Aufgabe 4: *Beschreibe mit deinen Worten im Heft, welche Bedeutung der Begriff „Intraplattenvulkan“ für die Hawaiianischen Inseln hat.*

Stationenlernen Plattentektonik – Bestell-Nr. 12 332

Station

Lösung

Hot-Spots am Beispiel von Hawaii

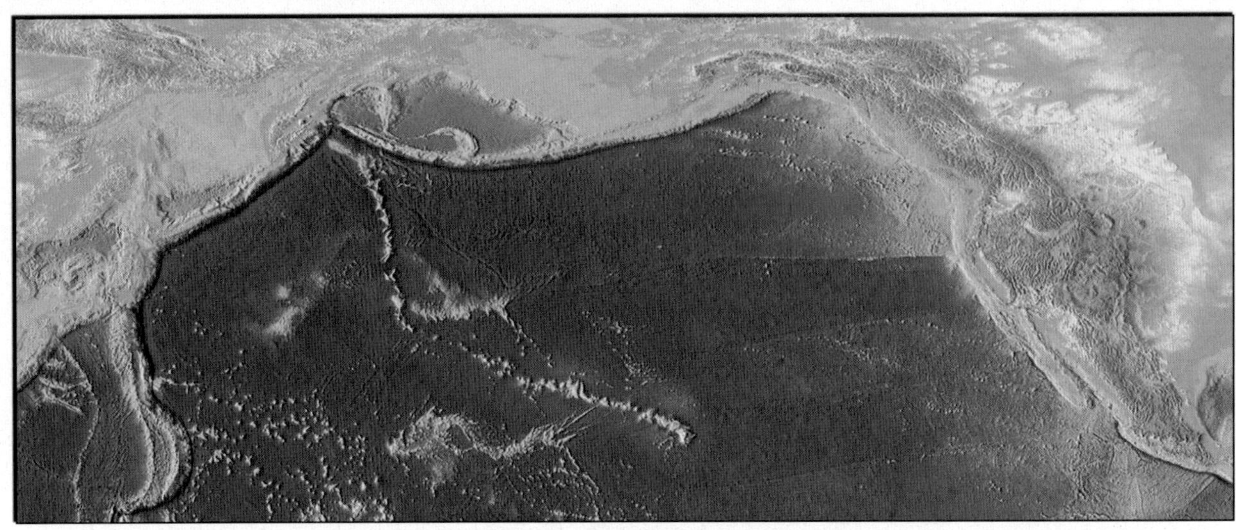

Die Hawaii-Inseln sind nur das Ende einer Reihe von Hotspot-Vulkanen, der Hawaii-Emperor-Kette. Diese sind überwiegend erloschene Schildvulkane, zum großen Teil unter dem Meeresspiegel.

Aufgabe 1: Plumes

Aufgabe 2: Hot-Spot

Aufgabe 3: Die auf diese Art entstandenen Vulkane sind als Inseln besonders der Verwitterung durch das Meer ausgesetzt. Je älter, desto länger wurde schon Material abgetragen.

Aufgabe 4: Individuelle Lösungen

Honolulu, Hauptstadt von Hawaii mit Diamond Head (rechts)

Stationenlernen

Station

The Ring of Fire – der Pazifische Feuerring

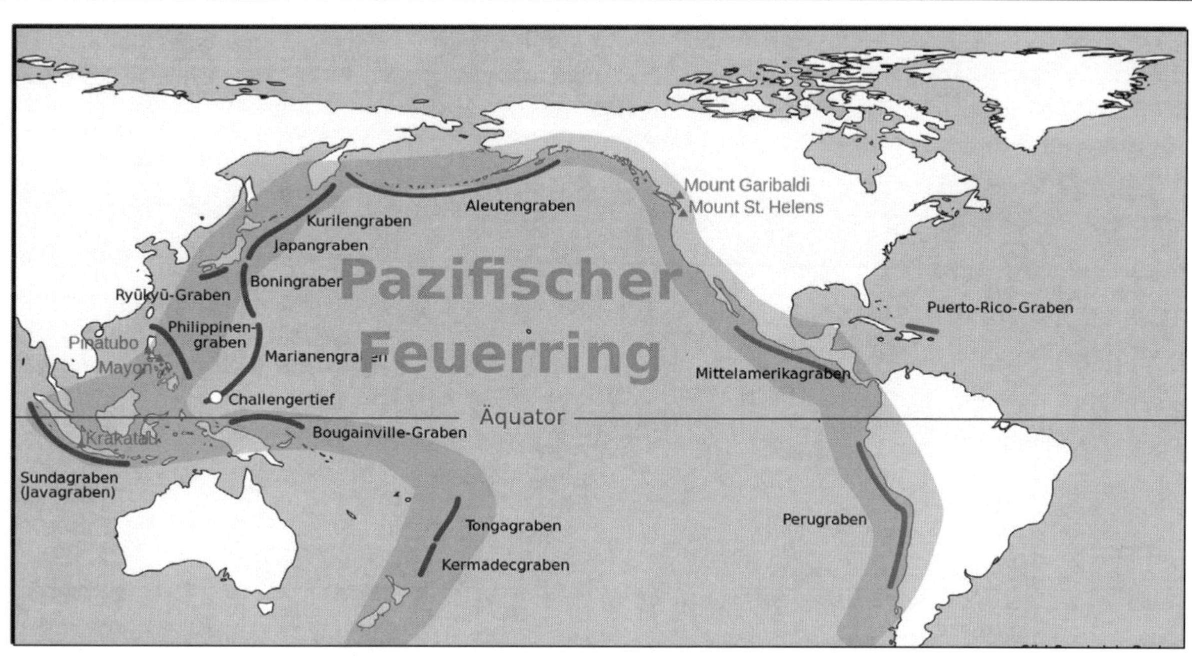

Als Pazifischer Feuerring (Ring of Fire) wird ein System von Vulkanen bezeichnet, das sich um den Pazifischen Ozean herum lokalisieren lässt. Die 40.000 km lange ozeanische Plattengrenze des Pazifik beherbergt nahezu dreiviertel aller Vulkane der Welt (ca. 450 Vulkane). Hier finden tektonische Aktivitäten statt, die von Vulkanbildungen und Vulkanausbrüchen bis hin zu Erd- und Seebeben sowie Tsunamiwellen reichen. Ca. 90 % aller Erdbeben finden in dieser Region statt. Alle diese Phänomene gehen auf rege Magmatätigkeiten im Erdinneren zurück. Dieser „Ring" gilt als eine der aktivsten Zonen unseres Planeten. Hier findet man häufig die stärksten Erdbewegungen und zahlreiche, zum Teil heftige Vulkanausbrüche, die nicht selten hunderte, ja tausende von Toten und Verletzten zum Opfer haben und somit große Zerstörungswucht besitzen.

Aufgabe 1: *Erkläre, warum man beim Pazifischen Feuerring von einem „Ring" spricht.*

Aufgabe 2: *Finde mit einer geeigneten Karte aus deinem Atlas heraus, welche tektonischen Platten sich am Pazifischen Feuerring berühren und wie ihre Bewegungsrichtungen sind.*

Aufgabe 3: *Welche geologischen Phänomene findet man entlang dieses „Ring of Fire"? Streiche die falschen Antworten:*

trockene Böden – Erdbeben – feuchtes Klima – Tsunamis – Seebeben – Vulkane – Dürrekatastrophen

Stationenlernen Plattentektonik – Bestell-Nr. 12 332
KOHL VERLAG

Station

Lösung

The Ring of Fire – der Pazifische Feuerring

Aufgabe 1: Der Pazifische Feuerring ist ein System von Vulkanen, die um den Pazifischen Ozean herum angeordnet sind, als würden sie einen Ring bilden.

Aufgabe 2:

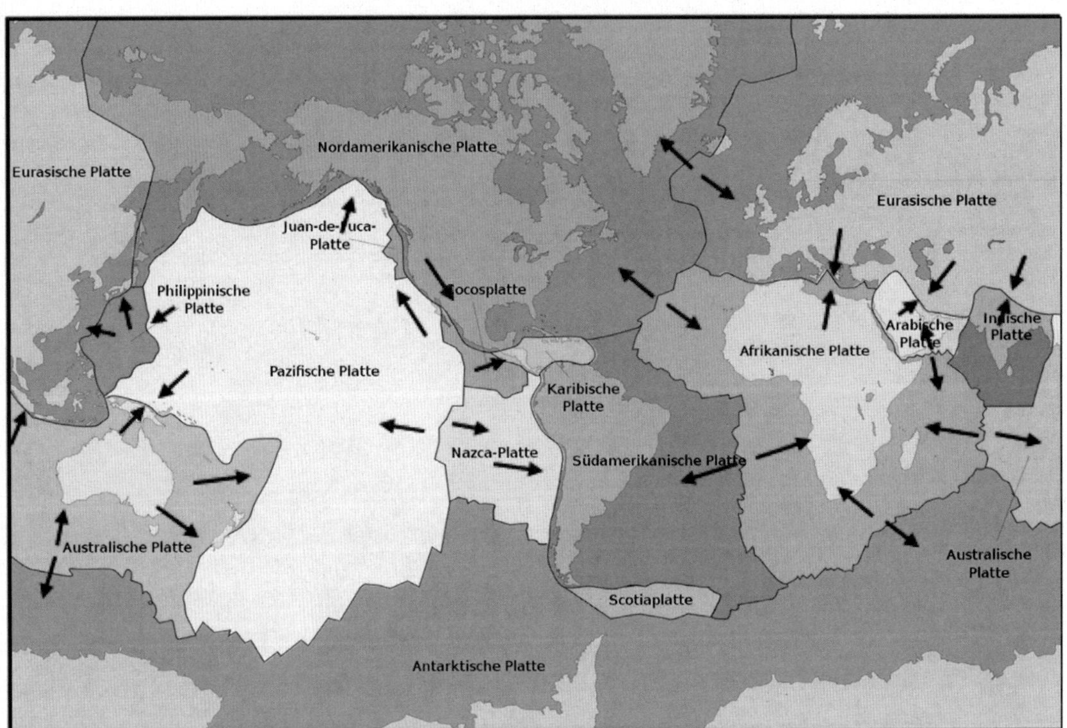

Philippinische Platte	←	Pazifische Platte
Eurasische Platte	←	Philippinische Platte
Pazifische Platte	↑↓	Nordamerikanische Platte
Cocos-Platte	→	Karibische Platte
Nazca -Platte	→	Südamerikanische Platte
Australische Platte	→ ←	Pazifische Platte
Eurasische Platte	←	Australische Platte

Aufgabe 3: Richtig sind: **Erdbeben, Tsunamis, Seebeben, Vulkane**.

Stationenlernen

Station

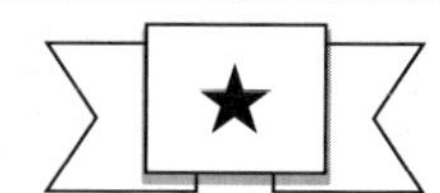

Die Richter-Skala

Aufgabe 1: *Schreibe die Begriffe aus dem Kasten an die richtigen Stellen im Text.*

Magnitudenstärke • Richterskala • Erdbebenstärke • nach oben • Amplitude • Seismologe • Seismographen • Verstärkungsfaktor

Woher weiß man, wie stark ein Erdbeben ist? Dazu hat der kalifornische _______________ Charles F. Richter in den 1930er Jahren am California Institute of Technology (kurz: Caltech) als Maß für die Erdbebenstärke die Erdbebenmagnitude auf der nach ihm benannten __________________ entwickelt. Er geht zur Berechnung einerseits von dem maximalen Ausschlag (_______________) aus, den ein Beben auf einer Erdbebenaufzeichnung durch einen ________________ , so wird das Aufzeichnungsgerät genannt, hinterlässt. Andererseits kommt es auf die Entfernung der Messung vom Ausgangspunkt des Bebens an. Richter ergänzte eine mathematische Skala. Ein Erdbeben mit der ___________________________ 4,0 bedeutet, dass die Bodenbewegungen zehnmal stärker sind als bei Magnitude 3,0. Der _________________ liegt demnach bei 10. Ein Beben mit der Magnitude 9,0 ist also 100-mal stärker als bei der Magnitude 7,0. Eine maximal mögliche ______________ lässt sich als obere Grenze nicht bestimmen. Denn die Erdkruste kann nur begrenzt aufgestaute Spannungen speichern, bevor diese dann in Form von Erdbeben freigesetzt werden. Eine größere Magnitude als 9 ist daher nahezu unmöglich. Obwohl dies so ist, wird die Richterskala als ________________ hin offen bezeichnet.

Aufgabe 2:

Bei 2 verschiedenen Erdbeben wurde jeweils der gleiche maximale Ausschlag gemessen. Beim 2. Erdbeben wurde näher am Ausgangspunkt gemessen als beim 1. Erdbeben. Welches Erdbeben ergibt einen höheren Wert auf der Richter-Skala?

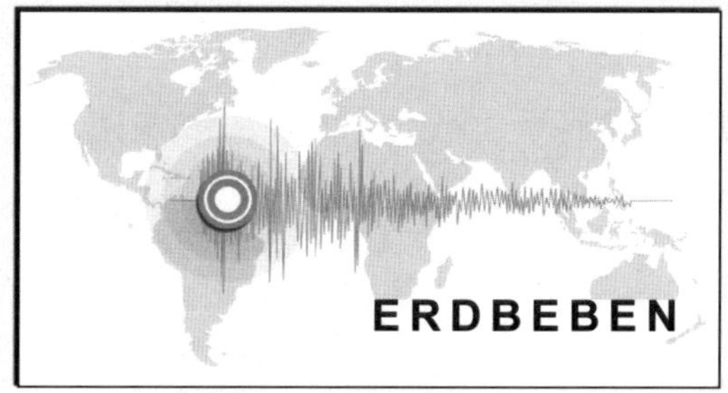

Charles F. Richter (1900-1985)

Stationenlernen Plattentektonik – Bestell-Nr. 12 332
KOHL VERLAG

Station

Lösung

Die Richter-Skala

Aufgabe 1:

Woher weiß man, wie stark ein Erdbeben ist? Dazu hat der kalifornische Seismologe Charles F. Richter in den 1930er Jahren am California Institute of Technology (kurz: Caltech) als Maß für die Erdbebenstärke die Erdbebenmagnitude auf der nach ihm benannten Richterskala entwickelt. Er geht zur Berechnung einerseits von dem maximalen Ausschlag (Amplitude) aus, den ein Beben auf einer Erdbebenaufzeichnung durch einen Seismographen, so wird das Aufzeichnungsgerät genannt, hinterlässt. Andererseits kommt es auf die Entfernung der Messung vom Ausgangspunkt des Bebens an. Richter ergänzte eine mathematische Skala. Ein Erdbeben mit der Magnitudenstärke 4,0 bedeutet, dass die Bodenbewegungen zehnmal stärker sind als bei Magnitude 3,0. Der Verstärkungsfaktor liegt demnach bei 10. Ein Beben mit der Magnitude 9,0 ist also 100-mal stärker als bei der Magnitude 7,0. Eine maximal mögliche Erdbebenstärke lässt sich als obere Grenze nicht bestimmen. Denn die Erdkruste kann nur bis zu einer gewissen Grenze aufgestaute Spannungen speichern, bevor diese dann in Form von Erdbeben freigesetzt werden müssen. Eine größere Magnitude als 9 ist daher nahezu unmöglich, meistens findet das Beben eben schon vorher statt. Obwohl dies so ist, wird die Richterskala als nach oben hin offen bezeichnet.

Aufgabe 2:

Beim 2. Erdbeben wurde näher am Ausgangspunkt gemessen. Wenn man dabei jedoch an einer entfernteren Stelle – genauso weit weg wie die Messung beim 1. Erdbeben – gemessen hätte, wäre der maximale Ausschlag dort natürlich geringer gewesen. Nun kann man direkt vergleichen: Die stärkere Amplitude beim 1. Erdbeben bedeutet also für dieses Erdbeben einen höheren Wert auf der Richter-Skala als für das 2. Erdbeben.

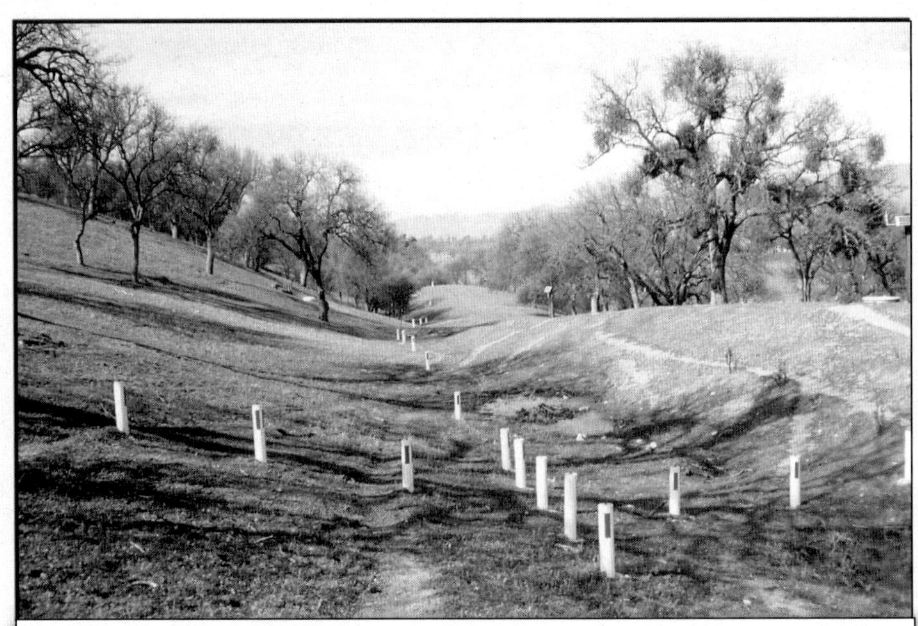

Messfeld einer Erdbebenwarnstation bei Parkfield, Kalifornien, am mittleren Teil der San-Andreas-Verwerfung